Essential

Turkish

phrase book

PERIPLUS

First published in 2001 by Periplus Editions (HK) Ltd, with editorial offices at 153 Milk Street, Boston, Massachusetts 02109 and 5 Little Road #08-01, Singapore 536983

Library of Congress Catalog Card Number: Cataloging in Progress
ISBN: 962-593-930-X

Distributed by

USA
Tuttle Publishing
Distribution Center
Airport Industrial Park
364 Innovation Drive
North Clarendon, VT 05759-9436
Tel: (802) 773-8930
Toll free Tel: (800) 526-2778
Fax: (802) 773-6993
Toll free fax: (800) 329-8885

JAPAN
Tuttle Publishing
RK Building, 2nd Floor
2-13-10 Shimo-Meguro,
Meguro-Ku
Tokyo 153 0064
Tel: (03) 5437-0171
Fax: (03) 5437-0755

SOUTHEAST ASIA
Berkeley Books Pte Ltd
5 Little Road #08-01
Cemtex Industrial Park
Singapore 536983
Tel: (65) 280-1330
Fax: (65) 280-6290

INDONESIA
PT Java Books Indonesia
Jl. Kelapa Gading Kirana
Blok A14, No. 17
Jakarta 14240
Tel:(021) 451 5351
Fax:(021) 453 4987

First edition
07 06 05 04 03 02 01   10 9 8 7 6 5 4 3 2 1

Printed in Singapore

Contents

Introduction

● **Welcome to the Periplus new Essential Phrase Books series, covering the most popular European languages and containing everything you'd expect from a comprehensive language series. They're concise, accessible and easy to understand, and you'll find them indispensable on your trip abroad.**

Each guide is divided into 15 themed sections and starts with a pronunciation table which explains the phonetic pronunciation to all the words and phrases you'll need to know for your trip, while at the back of the book is an extensive word list and grammar guide which will help you construct basic sentences in your chosen language.

Throughout the book you'll come across colored boxes with a 🌀 beside them. These are designed to help you if you can't understand what your listener is saying to you. Hand the book over to them and encourage them to point to the appropriate answer to the question you are asking.

Other colored boxes in the book—this time without the symbol—give alphabetical listings of themed words with their English translations beside them.

For extra clarity, we have put all English words and phrases in black, foreign language terms in red and their phonetic pronunciation in italic.

This phrase book covers all subjects you are likely to come across during the course of your visit; from reserving a room for the night to ordering food and drink at a restaurant, and what to do if your car breaks down or you lose your traveler's checks and money. With over 2,000 commonly used words and essential phrases at your fingertips you can rest assured that you will be able to get by in all situations, so let the Essential Phrase Book become your passport to a secure and enjoyable trip!

Pronunciation table

The pronunciation provided should be read as if it were English, bearing in mind the following main points:

Consonants

The Turkish **ğ** (soft g) is not pronounced, but it slightly lengthens the preceding vowel; it is represented as a colon(:).

Mostly, **h** is pronounced as in English, but in some words, there is a different, slightly guttural h sound. This is shown as **H**.

The Turkish **r** is slightly rolled, *and always audibly pronounced*. As a reminder that it should be pronounced every time, when it occurs in the middle or at the end of a word, it is written as **R**.

ç is like the English **ch**.

Ş is the same as **sh** in English.

j is given as **zh**.

Double consonants in Turkish (as in **dükkan**) take twice as long to say as single consonants. The effect is a little like saying them twice. In the transliterated phrases, words with double consonants have been hyphenated as a reminder (e.g. **res-sam**).

Vowels

a, **e**, **i**, and **o** are pronounced very much as they are in English. Please note that a capital I has a dot over the top like this: *İ*. A capital I without a dot is the upper case form of **ı** (see below).

u is almost exactly like the English sound **oo**.

ı is pronounced rather like the English sound **er** as in "letter", or the sound **uh**. In the transcriptions it is given as **uh**.

ü is given as **ew**.

ö is transcribed here as **ur**, with a small **r**. *Do not confuse this with the slightly rolled consonant r* (shown as **R** in the middle and at the end of words).

Vowel blends **ai** and **ay** are pronounced like **i** as in "side". The symbol **í** is used to represent this sound.

As mentioned above, hyphens have been used to separate double consonants (which are pronounced separately). In other places, hyphens are also used to separate strings of letters which might otherwise be misread (e.g. **adaya** is read as **ada-ya**, not **aday-a**).

Stress

Turkish words are mostly very lightly stressed – usually on the last syllable. The commonest exception comes with verbs containing the negative *mi* suffix in them, where the stress is thrown back onto the syllable before the **mi**.

Place names have the stress on the first syllable (except for Antalya and Istanbul, where it is on the middle syllable). However, some foreign loan-words (Arabic and Persian) do not conform to Turkish rules at all, and here the stress is shown with bold lettering.

Useful lists

Useful lists

1.1 Today or tomorrow?

What day is it today? _____	Bugün günlerden ne? *boogewn gewnleRden neh?*
Today's Monday _____	Bugün günlerden pazartesi *boogewn gewnleRden pazaRtesi*
– Tuesday _____	Bugün günlerden salı *boogewn gewnleRden saluh*
– Wednesday _____	Bugün günlerden çarşamba *boogewn gewnleRden chaRshamba*
– Thursday _____	Bugün günlerden perşembe *boogewn gewnleRden peRshembeh*
– Friday _____	Bugün günlerden cuma *boogewn gewnleRden jooma*
– Saturday _____	Bugün günlerden cumartesi *boogewn gewnleRden joomaRtesi*
– Sunday _____	Bugün günlerden pazar *boogewn gewnleRden pazaR*
in January _____	ocakta *ojakta*
since February _____	şubattan beri *shoobat-tan beRi*
in spring _____	ilkbaharda *ilkba-haRda*
in summer _____	yazın/yazları *yazuhn/yazlaRuh*
in autumn _____	sonbaharda *sonba-haRda*
in winter _____	kışın/kışları *kuhshuhn/kuhshlaRuh*
2001 _____	bin dokuz yüz doksan yedi *bin dokooz yewz doksan yedi*
the twentieth century _____	XX. (yirminci) yüzyıl *yiRminji yewzyuhl*
What's the date today? ____	Bugün ayın kaçı? *boogewn ayuhn kachuh?*
Today's the 24th _____	Bugün ayın 24'ü *boogewn ayuhn yiRmi durRdewnjew*
Monday 5 November 2001	Pazartesi, 5 Kasım 2001 *pazaRtesi, besh kasuhm 2001*
in the morning _____	sabahleyin *sabaHleyin*
in the afternoon _____	öğleden sonra *urleden sonRa*
in the evening _____	akşamleyin *akshamleyin*
at night _____	geceleyin *gejeleyin*
this morning _____	bu sabah *boo sabaH*
this afternoon _____	bugün öğleden sonra *boogewn ur:leden sonRa*
this evening _____	bu akşam *boo aksham*

tonight	_____	bu gece
		boo gejeh
last night	_____	dün gece
		dewn gejeh
this week	_____	bu hafta
		boo hafta
next month	_____	gelecek ay
		gelejek í
last year	_____	geçen sene
		gechen seneh
next...	_____	gelecek...
		gelejek...
in...days/weeks/	_____	...gün/hafta/ay/sene sonra
months/years		*...gewn/hafta/i/seneh sonRa*
...weeks ago	_____	...hafta önce
		...hafta urnjeh
day off	_____	tatil günü
		tatil gewnewë

 .2 Legal holidays

● **Public** holidays and **religious** observance:
Public holidays

1 January	Yılbaşı (New Year)
23 April	Ulusal Egemenlik ve Çocuk Bayramı (National Sovereignty and Children's Day)
19 May	Gençlik ve Spor Bayramı (Young People's and Sports Day)
30 August	Zafer Bayramı (Victory Day)
29 October	Cumhuriyet Bayramı (Republic Day)

Major Religious Festivals

The *Şeker Bayramı* (the Feast of Breaking Fast) is a three-day festival marking the end of Ramadan. Its date each year varies with the timing of Ramadan. Information on the precise date should be readily available before you travel.

The *Kurban Bayramı* (the Feast of Sacrifice) follows two months later, and is a four-day celebration which traditionally has been associated with the sacrifice of a ram.

Shops, banks and offices are closed on all these days.

If at any time you should wish to enter a mosque during your visit, be ready to remove your shoes at the entrance. Women should also cover their heads (a headscarf can often be borrowed from the mosque itself). Both shorts and short skirts are inappropriate.

You should also without fail remove your shoes before entering a private house.

.3 What time is it?

What time is it?	_____	Saat kaç?
		saht kach?
It's nine o'clock	_____	Saat dokuz
		saht dokooz
– five past ten	_____	Saat onu beş geçiyor
		saht onoo besh gechiyoR
– a quarter past eleven	_____	Saat on biri çeyrek geçiyor
		saht on biRi cheyrek gechiyoR

– twenty past twelve_____	Saat on ikiyi yirmi geçiyor	
	saht on ikiyi yiRmi gechiyoR	
– half past one _____	Saat bir buçuk	
	saht biR boochook	
– twenty–five to three_____	Saat üçe yirmi beş var	
	saht ewcheh yiRmi besh vaR	
– a quarter to four _____	Saat dörde çeyrek var	
	saht durRdeh cheyRek vaR	
– ten to five _____	Saat beşe on var	
	saht besheh on vaR	
– twelve noon_____	Öğlen saat on iki	
	ur:len saht on iki	
– midnight _____	Gece on iki	
	gejeh on iki	
half an hour _____	yarım saat	
	yaRuhm saht	

What time? _____	Saat kaçta?	
	saht kachta?	
What time can I come _____ round?	Saat kaçta uğrayayım?	
	saht kachta u:Ra-ya-yuhm?	
At... _____	Saat...de	
	saht...deh	
After... _____	den...sonra	
	den...sonRa	
Before... _____	den...önce	
	den...urnjeh	
Between...and... _____	...le...arası	
	...ileh...aRasuh	
From...to... _____	...den...kadar	
	...den...kadaR	
In...minutes _____	...dakika sonra	
	...dakika sonRa	
– an hour _____	...saat sonra	
	...saht sonRa	
– a quarter of an hour ____	On beş dakika sonra	
	on besh dakika sonRa	
– three quarters of_____ an hour	Kırk beş dakika sonra	
	kuhRk besh dakika sonRa	

early/late _____	çok erken/geç	
	chok eRken/gech	
on time_____	zamanında	
	zamanuhnda	
summertime _____	yaz mevsimi	
	yaz mevsimi	
wintertime _____	kış mevsimi	
	kuhsh mevsimi	

1 .4 One, two, three...

0 _____	sıfır		*suhfuhR*
1 _____	bir		*biR*
2 _____	iki		*iki*
3 _____	üç		*ewch*
4 _____	dört		*durRt*
5 _____	beş		*besh*

6	altı	*altuh*
7	yedi	*yedi*
8	sekiz	*sekiz*
9	dokuz	*dokooz*
10	on	*on*
11	on bir	*on biR*
12	on iki	*on iki*
13	on üç	*on ewch*
14	on dört	*on durRt*
15	on beş	*on besh*
16	on altı	*on altuh*
17	on yedi	*on yedi*
18	on sekiz	*on sekiz*
19	on dokuz	*on dokooz*
20	yirmi	*yiRmi*
21	yirmi bir	*yiRmi biR*
22	yirmi iki	*yiRmi iki*
30	otuz	*otooz*
31	otuz bir	*otooz biR*
32	otuz iki	*otooz iki*
40	kırk	*kuhRk*
50	elli	*el-li*
60	altmış	*altmuhsh*
70	yetmiş	*yetmish*
80	seksen	*seksen*
90	doksan	*oksan*
100	yüz	*yewz*
101	yüz bir	*yewz biR*
110	yüz on	*yewz on*
120	yüz yirmi	*yewz yiRmi*
200	iki yüz	*iki yewz*
300	üç yüz	*ewch yewz*
400	dört yüz	*durRt yewz*
500	beş yüz	*besh yewz*
600	altı yüz	*altuh yewz*
700	yedi yüz	*yedi yewz*
800	sekiz yüz	*sekiz yewz*
900	dokuz yüz	*dokooz yewz*
1000	bin	*bin*
1100	bin yüz	*bin yewz*
2000	iki bin	*iki bin*
10,000	on bin	*on bin*
100,000	yüz bin	*yewz bin*
1,000,000	milyon	*mil-yon*

1st	birinci	*biRinji*
2nd	ikinci	*ikinji*
3rd	üçüncü	*ewchewnjew*
4th	dördüncü	*durRdewnjew*
5th	beşinci	*beshinji*
6th	altıncı	*altuhnjuh*
7th	yedinci	*yedinji*
8th	sekizinci	*sekizinji*
9th	dokuzuncu	*dokoozoonjoo*
10th	onuncu	*onoonjoo*
11th	on birinci	*on biRinji*

Useful lists

12th _____	on ikinci	*on ikinji*
13th _____	on üçüncü	*on ewchewnjew*
14th _____	on dördüncü	*on durRdewnjew*
15th _____	on beşinci	*on beshinji*
16th _____	on altıncı	*on altuhnjuh*
17th _____	on yedinci	*on yedinji*
18th _____	on sekizinci	*on sekizinji*
19th _____	on dokuzuncu	*on dokoozoonjoo*
20th _____	yirminci	*yiRminji*
21st _____	yirmi birinci	*yiRmi biRinji*
22nd _____	yirmi ikinci	*yiRmi ikinji*
30th _____	otuzuncu	*otoozoonjoo*
100th _____	yüzüncü	*yewzewnjew*
1000th _____	bininci	*bininji*

once _____	bir kere *biR keReh*	
twice _____	iki kere *iki keReh*	
double _____	iki katı *iki katuh*	
triple _____	üç katı *ewch katuh*	
half _____	yarısı *yaRuhsuh*	
a quarter _____	dörtte biri *durRt-teh biRi*	
a third _____	üçte biri *ewchteh biRi*	
a couple, a few, some ____	bir çift, birkaç, bazı *biR chift, biRkach, bazuh*	

2+4=6 _____	iki artı dört eşittir altı *iki aRtuh durRt eshit-tiR altuh*	
4-2=2 _____	dört eksi iki eşittir iki *durRt eksi iki eshit-tiR iki*	
2x4=8 _____	iki çarpı dört eşittir sekiz *iki chaRpuh durRt eshit-tiR sekiz*	
4÷2=2 _____	dört bölü iki eşittir iki *durRt burlew iki eshit-tiR iki*	
odd/even _____	tek/çift *tek/chift*	
total _____	toplam *toplam*	
6x9 _____	altı çarpı dokuz *altuh chaRpuh dokooz*	

🔵 .5 The weather

Is the weather going _____ to be good/bad?	Hava güzel mi/kötü mü olacak? *hava gewzel mi/kurtew mew olajak?*	
Is it going to get _____ colder/hotter?	Hava soğuk mu/sıcak mı olacak? *hava so:ook moo/suhjak muh olajak?*	
What temperature is it _____ going to be?	Hava kaç derece olacak? *hava kach deRejeh olajak?*	
Is it going to rain? _____	Yağmur mu yağacak? *ya:mooR moo ya:ajak?*	

Is there going to be a _____ storm?	Hava fırtınalı mı olacak? *hava fuhRtuhnaluh muh olajak?*	
Is it going to snow? _____	Kar mı yağacak? *kahR muh ya:ajak?*	
Is it going to freeze? _____	Don mu olacak? *don moo olajak?*	
Is the thaw setting in? ____	Buzlar mı eriyecek? *boozlaR muh eRiyejek?*	
Is it going to be foggy? ____	Hava sisli mi olacak? *hava sisli mi olajak?*	
Is there going to be a _____ thunderstorm?	Fırtına mı çıkacak? *fuhRtuhna muh chuhkajak?*	
The weather's changing ___	Hava değişiyor *hava de:ishiyoR*	
It's cooling down _____	Hava soğuyor *hava so:ooyor*	
What's the weather_____ going to be like today/ tomorrow?	Bugün/yarın hava nasıl olacak? *Boogewn/yaruhn hava nasuhl olajak?*	

aniden şiddetlenen rüzgar **sudden squall**	güneşli **sunny**	sağanak yağış **heavy downpour**
az bulutlu **almost cloudless**	güzel **beautiful**	serin **cool**
boğucu sıcaklık **stifling heat**	hafif/şiddetli rüzgar **light/strong wind**	sıcak **hot**
bulut **cloud**	ılımlı **moderate**	sıcak hava dalgası **heat wave**
bunaltıcı **oppressive**	kar **snow**	(sıfırın altında/üstünde) ...derece **...degrees below/above**
çok bulutlu **very cloudy**	kasırga cyclone, **hurricane**	zero
dolu **hail**	kırağı **hoar frost**	sis **fog**
don **ice**	parçalı bulutlu **with patchy cloud**	yağmur **rain**
fırtına **storm**	rüzgar **wind**	yağmurlu **rainy**
fırtınalı **stormy**	rüzgarlı **windy**	

 .6 Here, there...

See also 5.1 Asking for directions

here/there _____	burada/orada *booRada/oRada*
somewhere/nowhere _____	herhangi bir yerde/hiç bir yerde *heRhangi biR yeRdeh/hich biR yeRdeh*
everywhere _____	her yerde *heR yeRdeh*
far away/nearby _____	uzak/yakın *oozak/yakuhn*

13

Useful lists

right/left	sağ/sol	
	sa:/sol	
to the right/left of	sağında/solunda	
	sa:uhnda/soloonda	
straight ahead	doğru	
	do:Roo	
via	...yoluyla	
	...yolooyla	
in	...içine/içinde	
	...ichineh/ichindeh	
on	...üzerine/üzerinde	
	...ewzeRineh/ewzeRindeh	
under	...altına/altında	
	...altuhna/altuhnda	
against	...karşı	
	...kaRshuh	
opposite	karşısında	
	kaRshuhsuhnda	
next to	...yanında	
	...yanuhnda	
near	...yakın	
	...yakuhn	
in front of	...önünde	
	...urnewndeh	
in the center	ortada	
	oRtada	
forward	öne	
	urneh	
down	aşağı (aşağıya)	
	asha:uh (asha:uh-ya)	
up	yukarı (yukarıya)	
	yookaRuh (yookaRuh-ya)	
inside	içeri (içeriye)	
	icheRi (icheRiyeh)	
outside	dışarı (dışarıya)	
	duhshaRuh (duhshaRuh-ya)	
behind	arka (arkaya)	
	aRka (aRka-ya)	
at the front	ön tarafta	
	urn taRafta	
at the back	arka tarafta	
	aRka taRafta	
in the north	kuzeyde	
	koozeydeh	
to the south	güneye	
	gewneyeh	
from the west	batıdan	
	batuhdan	
from the east	doğudan	
	do:oodan	
...of	...de/da	
	...-deh/-da	

.7 **W**hat does that sign say?

See also 5.4 Traffic signs

açık/kapalı	fotoğraf çekmek	pasaj
open/closed	yasaktır	arcade
acil çıkış	no photographs	peron
emergency exit	giriş	platform
açılış saatleri	entrance	PTT
opening hours	girmek yasaktır	PTT (main post office
asansör	no entry, no admittance	and public
elevator	gişe, vezne	telephones)
ateş yakmak yasaktır	pay here	resepsiyon
no open fires	istasyon	reception
bayanlar tuvaleti	station	satılık
ladies toilet	itiniz/çekiniz	for sale
bozuk	push/pull	seyahat acentası
out of order	kalkış	travel agent
çay bahçesi	departure	sigara içmek yasaktır
tea garden	kamping	no smoking
çıkış	camping, camp-site	tehlike
way out	karakol	danger
danışma, enformasyon	police station	tuvaletler
information	kasa	toilets
dikkat	pay here	vestiyer
take care, beware	...kat	cloakroom
dikkat köpek var	...floor	yangın merdiveni
beware of the dog	kiralık	fire escape
dolu	for hire	yangın tehlikesi
full	merdiven	danger - fire
durak	stairs	yerlere tükürmeyiniz
(bus) stop	merkez	no spitting
emanet	center	yüksek voltaj
luggage locker	otel	high voltage
erkekler tuvaleti	hotel	yürüyen merdiven
gentlemen's toilet	pansiyon	escalator
	bed and breakfast	

.8 **T**elephone alphabet

a	*ah*	Adana	*adana*
b	*beh*	Bursa	*booRsa*
c	*jeh*	Cide	*jideh*
ç	*cheh*	Çanakkale	*chanak- kaleh*
d	*deh*	Denizli	*denizli*
e	*eh*	Edirne	*ediRneh*
f	*feh*	Fethiye	*fet-hiyeh*
g	*geh*	Giresun	*giResoon*
ğ	*yoomooshak geh* (no Turkish words begin with ğ)		
h	*heh*	Hatay	*hatí*
i	*i*	İzmir	*izmiR*
ı	*uh*	Isparta	*uhspaRta*

Useful lists

15

l	leh	Lüleburgaz	lewlebooRgaz
m	meh	Malatya	malatya
n	neh	Nevşehir	nevshe-hiR
o	o	Ordu	oRdoo
ö	ur	Ören	urRen
p	peh	Pamukkale	pamook-kaleh
r	reh	Rize	rizeh
s	seh	Sinop	sinop
ş	sheh	Şirvan	shiRvan
t	teh	Tokat	tokat
u	oo	Urfa	ooRfa
ü	ew	Üsküp	ewskewp
v	veh	Van	van
y	yeh	Yozgat	yozgat
z	zeh	Zonguldak	zongooldak

1.9 Personal details

surname	soyadı *soy-aduh*
first name(s)	adı *aduh*
initials	ismin baş harfleri *ismin bash haRfleRi*
address (street/number)	adres (sokak/numara) *adRes (sokak/noomaRa)*
postal/zip code/town	posta kodu/oturduğu yer *posta kodoo/otooRdoo:oo yeR*
sex (male/female)	cinsiyeti (erkek, kadın) *jinsiyeti (eRkek/kaduhn)*
nationality	uyruğu *ooyRoo:oo*
date of birth	doğum tarihi *do:oom tahRi-hi*
place of birth	doğum yeri *do:oom yeRi*
occupation	mesleği *mesle:i*
married/single/divorced	evli/bekar/boşanmış *evli/bekahR/boshanmuhsh*
widowed	dul *dool*
(number of) children	çocukları (sayısı) *chojooklaRuh (sa-yuhsuh)*
passport/identity card/driving license number	pasaport/ehliyet numarası *pasapoRt/eHliyet noomaRasuh*
place and date of issue	verildiği tarih ve yer *veRildi:i taRiH veh yeR*

Courtesies

Courtesies

● Greetings are very popular, everyone is asked individually if they're all right. When introduced people shake hands, when they part they also shake hands.

If they know each other people kiss on both cheeks (usually man to man, woman to woman).

.1 **G**reetings

Hello, Mr John Smith_____	Merhaba John Bey
	meR-haba John Bey
Hello, Mrs Barbara Jones ____	Merhaba Barbara Hanim
	meR-haba, Barbara Hanuhm
Hello, Peter _____	Merhaba, Peter
	meR-haba, Peter
Hi, Helen _____	Selam, Helen
	selam, Helen
Good morning, madam____	Günaydın hanımefendi
	gewníduhn hanuhmefendi
Good afternoon, sir _____	İyi günler beyefendi
	iyi gewnleR bey-efendi
Good evening_____	İyi akşamlar
	iyi akshamlaR
How are you? _____	Nasılsınız, iyi misiniz?
	nasuhlsuhnuhz, iyi misiniz?
Fine, thank you, _____ and you?	Teşekkür ederim. Siz nasılsınız?
	teshek-kewR edeRim. siz nasuhlsuhnuhz?
Very well _____	Çok iyiyim, teşekkür ederim
	chok iyiyim, teshek-kewR edeRim
Not very well _____	İyi değilim
	iyi de:ilim
Not too bad_____	İdare eder
	idaReh edeR
I'd better be going_____	Ben gideyim artık
	ben gideyim aRtuhk
I have to be going _____	Gitmek zorundayım. Beni bekliyorlar
	gitmek zoRoonda-yim. beni bekli-yoRlaR
Someone's waiting _____ for me Bye!	Görüşürüz!
	gurRewshewRewz!
Good-bye_____	Güle güle/Allaha ısmarladık
	gewleh gewleh/al-laha uhsmaRladuhk
See you soon _____	görüşmek üzere
	gurRewshmek ewzeReh
See you later _____	Sonra görüşmek üzere
	sonRa gurRewshmek ewzeReh
See you in a little while ____	En kısa zamanda görüşmek üzere
	en kuhsa zamanda gurRewshmek ewzeReh
Sleep well _____	İyi uykular
	iyi ooykoolaR
Good night _____	İyi geceler
	iyi gejeleR
All the best _____	Sağlıcakla kalın
	sa:luhjakla kaluhn
Have fun _____	İyi eğlenceler
	iyi e:lenjeleR

Good luck _____	İyi şanslar
	iyi shanslaR
Have a nice vacation _____	İyi tatiller
	iyi tatil-leR
Have a good trip _____	İyi yolculuklar
	iyi yoljoolooklar
Thank you, you too_____	Teşekkürler, size de
	teshek-kewRleR, sizeh deh
Say hello to...for me_____	e... selamlarımı söyleyin
	selamlaRuhmuh suhy-leh-yin

 .2 How to ask a question

Who?_____	Kim?
	kim
Who's that? _____	O kim?
	o kim?
What? _____	Ne?
	neh?
What's there to_____ see here?	Burada görülecek ne var?
	booRada gurRewlejek neh vaR?
What kind of hotel_____ is that?	O nasıl bir otel?
	o nasuhl biR otel?
Where?_____	Nerede?
	neRedeh?
Where's the bathroom? ____	Tuvalet ne tarafta?
	too-alet neh taRafta?
Where are you going? _____	Nereye gidiyorsunuz?
	neRe-yeh gidiyoRsoonooz?
Where are you from? _____	Nerelisiniz?
	neRelisiniz?
How?_____	Nasıl?
	nasuhl?
How far is that? _____	Orası ne kadar uzak?
	oRasuh neh kadaR oozak?
How long does that take? __	Ne kadar sürer?
	neh kadaR sewReR?
How long is the trip? _____	Yolculuk ne kadar sürer?
	yoljoolook neh kadaR sewReR?
How much?_____	Ne kadar?
	neh kadaR?
How much is this?_____	Bunun fiyatı ne kadar?
	boonoon fi-yatuh neh kadaR?
What time is it? _____	Saat kaç?
	saht kach?
Which? _____	Hangi? Hangileri?
	hangi? hangileRi?
Which glass is mine? _____	Hangi bardak benim?
	hangi baRdak benim?
When? _____	Ne zaman?
	neh zaman?
When are you leaving? ____	Yola ne zaman çıkıyorsunuz?
	yola neh zaman chuhkuh-yoRsoonooz?
Why?_____	Niçin?
	nichin?
Could you...me?_____	Bana...?
	bana...?

Could you help me, _____ please?	Bana yardım edebilir misiniz? *bana yaRduhm edebiliR misiniz?*
Could you point that_____ out to me?	Onu bana gösterebilir misiniz? *onoo bana gursteRebiliR misisniz?*
Could you come _____ with me, please?	Benimle gelebilir misiniz? *benimleh beRabeR gelebiliR misiniz?*
Could you..._____	...-ir misiniz?/mısınız? *...-iR misiniz?/muhsuhnuz?*
Could you reserve some ___ tickets for me, please?	Benim için birkaç bilet ayırır mısınız, lütfen? *benim ichin biRkach bilet í-uhRuhR muhsuhnuhz?*
Do you know...? _____	...biliyor musunuz? *...biliyoR moosoonooz?*
Do you know another_____ hotel, please?	Başka bir otel biliyor musunuz? *bashka biR otel biliyoR moosoonooz?*
Do you have a...?_____	...var mı? *...vaR muh?*
Do you have a...for me? ___	Benim için...var mı? *benim ichin...vaR muh?*
Do you have a _____ vegetarian dish, please?	Etsiz bir yemeğiniz var mı? *etsiz bir yeme:iniz vaR muh?*
I'd like... _____	...istiyorum *...istiyoRoom*
I'd like a kilo of apples, ____ please	Bir kilo elma istiyorum *biR kilo elma istiyoRoom*
Can I...?_____	abilir/ebilir miyim? *-abiliR/-ebiliR miyim?*
Can I take this?_____	Bunu alabilir miyim? *boonoo alabiliR miyim?*
Can I smoke here?_____	Burada sigara içebilir miyim? *booRada sigaRa ichebiliR miyim?*
Could I ask you _____ something?	Bir şey sorabilir miyim? *BiR shey soRabiliR mi-yim?*

.3 How to reply

Yes, of course_____	Evet, tabii *evet tabee*
No, I'm sorry_____	Hayır, özür dilerim *ha-yuhR urzewR dileRim*
Yes, what can I do _____ for you?	Evet, size nasıl yardımcı olabilirim? *evet, sizeh nasuhl yaRduhmjuh olabiliRim?*
Just a moment, please ____	Bir saniye lütfen *biR sahniyeh lewtfen*
No, I don't have _____ time now	Hayır, şu anda hiç zamanım yok *ha-yiR shoo anda hich zamanuhm yok*
No, that's impossible _____	Hayır, imkansız *ha-yuhR imkahnsuhz*
I think so _____	Zannederim *zan-nedeRim*
I agree_____	Bence de *benjeh deh*
I hope so too_____	Umarım *oomaRuhm*
No, not at all_____	Hayır *ha-yuhR*
No, no one _____	Hayır, hiç kimse *ha-yuhR hich kimseh*

No, nothing _____	Hayır, hiç bir şey
	ha-yuhR hich biR shey
That's (not) right _____	Doğru (doğru değil)
	do:Roo (do:Roo de:il)
I (don't) agree _____	Sizinle aynı fikirdeyim (fikirde değilim)
	sizinleh ínuh fikiRdeyim (fikiRdeh de:ilim)
All right _____	İyi
	iyi
Okay _____	Tamam
	tamam
Perhaps _____	Belki
	belki
I don't know _____	Bilmiyorum
	bilmiyoRoom

 .4 Thank you

Thank you _____	Teşekkür ederim
	teshek-kewR edeRim
You're welcome _____	Bir şey değil
	biR shey de:il
Thank you very much _____	Çok teşekkür ederim
	chok teshek-kewR edeRim
Very kind of you_____	Çok naziksiniz
	chok naziksiniz
I enjoyed it very much _____	Benim için büyük bir zevkti
	benim ichin bew-yewk biR zevkti
Thank you for your _____ trouble	Zahmet ettiniz, teşekkür ederim
	zaHmet et-tiniz, teshek-kewR edeRim
You shouldn't have _____	Bunu yapmamalıydınız
	boonoo yapmamaluhy-duhnuhz
That's all right _____	Hiç önemli değil
	hich urnemli de:il

 .5 Sorry

Sorry! _____	Pardon!
	paRdon!
Excuse me_____	Özür dilerim
	urzewR dileRim
I'm sorry, I didn't know...___	Özür dilerim, ... bilmiyordum
	urzewR dileRim ... bilmiyoRdoom
I do apologize_____	Affedersiniz
	af-fedeRsiniz
I'm sorry_____	Çok üzgünüm
	chok ewzgewnewm
I didn't do it on purpose,___ it was an accident	Kasten yapmadım, yanlışlıkla oldu
	kasten yapmaduhm, yanluhshluhkla oldoo
That's all right _____	Önemli değil
	urnemli de:il
Never mind_____	Boş ver
	bosh veR
It could've happened to____ anyone	Herkesin başına gelebilir
	heRkesin bashuhna gelebiliR

Courtesies

Which do you prefer?_____	Neyi tercih edersiniz?
	neyi teRji-hedeRsiniz?
What do you think?_____	Ne dersiniz?
	neh deRsiniz?
Don't you like dancing? ____	Dans etmeyi sevmiyor musun?
	dans etmeyi sevmiyoR moosoon?
I don't mind_____	Benim için fark etmez
	benim ichin faRk etmez
Well done! _____	Bravo!
	bRavo!
Not bad!_____	Fena değil!
	fena de:il!
Great! _____	Şahane!
	sha-haneh!
Wonderful! _____	Harika!
	haRika!
It's really nice here! _____	Burası ne eğlenceli!
	booRasuh neh e:lenjili!
How nice! _____	Ne hoş/güzel!
	neh hosh/gewzel!
How nice for you! _____	Sizin için ne iyi!
	sizin ichin neh iyi!
I'm (not) very happy_____	...çok memnunum (memnun değilim)
with...	*...chok memnoonoom (memnoon de:ilim)*
I'm glad..._____	...memnun oldum
	...memnoon oldoom
I'm having a great time ____	Çok eğleniyorum
	chok e:leniyoroom
I'm looking forward to it ___	Sabırsızlıkla bekliyorum
	sabuhRsuhzluhkla bekliyoRoom
I hope it'll work out_____	Umarım olur
	oomaRuhm oloor
That's ridiculous!_____	Ne gülünç!
	neh gewlewnch!
That's terrible! _____	Ne iğrenç!
	neh i:Rench!
What a pity! _____	Ne yazık!
	neh yazuhk!
That's filthy! _____	Ne pis!
	ne pis!
What nonsense!_____	Ne saçmalık!
	neh sachmaluhk!
I don't like..._____	...sevmiyorum
	...sevmiyoRoom
I'm bored to death _____	Canım çok sıkılıyor
	januhm chok suhkuhluhyoR
I've had enough_____	Bıktım
	buhktuhm
This is no good _____	Bu böyle olmaz
	boo buhyleh olmaz
I was expecting _____	Tamamen başka bir şey bekliyordum
something completely	*tamahmen bashka biR shey bekliyoRdoom*
different	

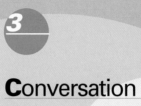

Conversation

Conversation

3 .1 I beg your pardon?

I don't speak any/_____ I speak a little...	...konuşmasını bilmiyorum/...biraz biliyorum *...konooshmasuhnuh bilmiyoRoom/...biRaz biliyoRoom*
I'm American_____	Ben İngilizim *ben ingilizim*
Do you speak _____ English/French/German?	İngilizce/Fransızca/Almanca konuşmasını biliyor musunuz? *ingilizje/fransuhzja/almanja konooshmasuhnuh biliyoR moosoonooz?*
Is there anyone who _____ speaks...?	...konuşmasını bilen kimse var mı? *...konushmasuhnuh bilen kimseh var muh?*
I beg your pardon? _____	Ne dediniz? *neh dediniz?*
I (don't) understand_____	Sizi anlıyorum (anlamıyorum) *sizi anluhyoRoom (anlamuhyoRoom)*
Do you understand me? ___	Beni anlıyor musunuz? *beni anluhyoR moosoonooz?*
Could you repeat that, _____ please?	Lütfen tekrar eder misiniz? *lewtfen tekRaR edeR misiniz?*
Could you speak more _____ slowly, please?	Biraz daha yavaş konuşabilir misiniz? *biRaz da-ha yavash konooshabiliR misiniz?*
What does that (word) _____ mean?	O/o sözcük ne demek? *o/o surzjewk neh demek?*
Is that similar to/the _____ same as...?	...(hemen hemen) aynısı mı? *...(hemen hemen) ínuhsuh muh?*
Could you write that _____ down for me, please?	Onu benim için bir kağıda yazabilir misiniz? *onoo benim ichin biR ka:uhda yazabiliR misiniz?*
Could you spell that _____ for me, please?	Onu benim için heceleyebilir misiniz? *onoo benim ichin hejeleyebiliR misiniz?*
(See 1.8 Telephone alphabet)	
Could you point that_____ out in this phrase book, please?	Onu bana bu rehberde gösterebilir misiniz? *onoo bana boo reHbeRdeh gursteRebiliR misiniz?*
One moment, please, _____ I have to look it up	Bir saniye, sözcüğü aramam gerek *biR sahniyeh, surzjew:ew aRamam geRek*
I can't find the word/the___ sentence	Sözcüğü/cümleyi bulamıyorum *surzjew:ew/jewmleyi boolamuhyoRoom*
How do you say _____ that in...?	...ona ne diyorsunuz? *...ona neh diyoRsoonooz?*
How do you pronounce ____ that?	Onu nasıl telaffuz ediyorsunuz? *onoo nasuhl telaf-fooz ediyoRsoonooz*

24

May I introduce myself? ___	Kendimi tanıtabilir miyim?
	kendimi tanuhtabiliR miyim?
My name's... _____	Benim adım...
	benim aduhm..
I'm... _____	Ben...
	ben...
What's your name? _____	Adınız ne?
	aduhnuhz neh?
May I introduce...? _____	Size...tanıtabilir miyim?
	size...tanuhtabiliR miyim?
This is my wife/ _____ daughter/mother/girlfriend	Bu benim eşim/kızım/annem/kız arkadaşım. *boo benim eshim/kuhzuhm/an-nem/kuhz aRkadashuhm*
– my husband/son/ _____ father/boyfriend	Bu benim eşim/oğlum/babam/erkek arkadaşım. *boo benim eshim/o:loom/babam/eRkek aRkadashuhm*
How do you do _____	Memnum oldum
	memnoom oldoom
Pleased to meet you_____	(Tanıştığımıza) memnun oldum
	(tanuhshtuh:uhmuhza) memnoon oldoom
Where are you from? _____	Nerelisiniz?
	neRelisiniz?
I'm from the United _____ States	Ben İngilizim/İskoçyalıyım/İrlandalıyım/ Gallerliyim *ben ingilizim/iskochyaluh-yuhm/iRlandaluh-yuhm/gal-leRliyim*
What city do you live in?___	Hangi şehirde oturuyorsunuz?
	hangi she-hiRdeh otooRooyoRsoonooz?
In..., It's near... _____	..., ...yakın
	..., ...yakuhn
Have you been here _____ long?	Uzun zamandan beri mi buradasınız? *oozoon zamandan beRi mi booRadasuhnuhz?*
A few days _____	Birkaç günden beri buradayım
	biRkach gwenden beRi booRada-yuhm
How long are you _____ staying here?	Burada ne kadar kalacaksınız? *booRada neh kadaR kalajaksuhnuhz?*
We're (probably) leaving___ tomorrow/in two weeks	(Büyük bir olasılıkla) yarın/iki hafta sonra yola çıkacağız *bewyewk biR olasuhluhkla yaRuhn/iki hafta sonRa yola chuhkaja:uhz*
Where are you staying?____	Nerede kalıyorsunuz?
	neRedeh kaluhyoRsoonooz?
In a hotel/an apartment ___	Bir otelde/apartman dairesinde
	biR oteldeh/apaRtaman díResindeh
On a camp site_____	Bir kampingde
	biR kampingdeh
With friends/relatives _____	Bir arkadaşın/ailenin yanında
	biR aRkadashuhn/ilenin yanuhnda
Are you here on your_____ own/with your family?	Burada yalnız mısınız/ailenizle misiniz? *booRada yalnuhz muhsuhnuhz/ilenizleh misiniz?*
I'm on my own_____	Yalnızım
	yalnuhzuhm
I'm with my_____ partner/wife/husband	Eşimleyim *eshimleyim*

– with my family	Ailemleyim *ilemleyim*
– with relatives	Akrabalarlayım *akRabalaRla-yuhm*
– with a boyfriend/girlfriend/ friends	Erkek arkadaşımlayım/kız arkadaşımlayım/arkadaşlarımlayım *eRkek aRkadashuhmla-yuhm/kuhz aRkadashuhmla-yuhm/aRkadashlaRuhmla-yuhm*
Are you married?	Evli misiniz? *evli misiniz?*
Do you have a steady boyfriend/girlfriend?	Erkek/kız arkadaşın var mı? *eRkek/kuhz aRkadashuhn vaR muh?*
That's none of your business	Sizi ilgilendirmez *sizi ilgilendiRmez*
I'm married	Evliyim *evliyim*
– single	Bekarım **bekahRuhm**
– separated	Eşimden ayrı yaşıyorum *eshimden íruh yashuhyoRoom*
– divorced	Boşandım *boshanduhm*
– a widow/widower	Dulum *dooloom*
I live alone/with someone	Yalnız/biriyle beraber yaşıyorum *yalnuhz/biRiyleh beRabeR yashuhyoRoom*
Do you have any children/grandchildren?	Çocuklarınız/torunlarınız var mı? *chojooklaRuhnuhz/toRoonlaRuhnuhz vaR muh?*
How old are you?	Kaç yaşındasınız? *kach yashuhndasuhnuhz?*
How old is she/he?	O kaç yaşında? *o kach yashuhnda?*
I'm...	...yaşındayım *...yashuhnda-yuhm*
She's/he's...	O...yaşında *o...yashuhnda*
What do you do for a living?	Ne iş yaparsınız? *neh ish yapaRsuhnuhz?*
I work in an office	Bir büroda çalışıyorum *biR bewRoda chaluhshuhyoRoom*
I'm a student/ I'm at school	Okuyorum *okooyoRoom*
I'm unemployed	İşsizim *ishsizim*
I'm retired	Emekliyim *emekliyim*
I'm on a disability pension	İş görmezlik sigortasından para alıyorum *ish gurRmezlik sigoRtasuhndan paRa aluhyoRoom*
I'm a housewife	Ev kadınıyım *ev kaduhnuh-yuhm*
Do you like your job?	İşinizi seviyor musunuz? *ishinizi seviyoR moosoonooz?*
Most of the time	Çoğu zaman *cho:oo zaman*
I usually do, but I prefer vacations	Genellikle seviyorum, ama tatil daha eğlenceli *genel-likleh seviyoRoom ama tatil da-ha e:lenjeli*

.3 Starting/ending a conversation

Could I ask you _____ something?	Size bir şey sorabilir miyim? *sizeh biR shey soRabiliR miyim?*
Excuse me_____	Özür dilerim *urzewR dileRim*
Excuse me, could you _____ help me?	Özür dilerim, bana yardım edebilir misiniz? *urzewR dileRim, bana yaRduhm edebiliR misiniz?*
Yes, what's the problem? __	Evet, sorun ne? *evet, soRun neh?*
What can I do for you? ____	Size ne şekilde yardımcı olabilirim? *sizeh neh shekildeh yaRduhmjuh olabiliRim?*
Sorry, I don't have time____ now	Kusura bakmayın, şu anda hiç zamanım yok *koosooRa bakma-yuhn, shoo anda hich zamanuhm yok*
Do you have a light? _____	Ateşiniz var mı? *ateshiniz vaR muh?*
May I join you? _____	Yanınıza oturabilir miyim? *yanuhnuhza otooRabiliR miyim?*
Could you take a _____ picture of me/us? Press this button	Resmimi/resmimizi çeker misiniz? Bu düğmeye basın *resmimi/resmimizi chekeR misiniz? bu dew:meyeh basuhn*
Leave me alone _____	Beni rahat bırak *beni rahat buhRak*
Get lost _____	Çekil git *chekil git*
Go away or I'll scream_____	Gitmezseniz, bağırırım *gitmezseniz ba:uhRuhRuhm*

.4 Congratulations and condolences

Happy birthday/many_____ happy returns	Doğum gününüz kutlu olsun *do:oom gewnewnewz kootloo olsoon*
Please accept my_____ condolences	Başınız sağ olsun *bashuhnuhz sa: olsoon*
I'm very sorry for you _____	Sizin için çok üzgünüm *sizin ichin chok ewzgewnewm*

.5 A chat about the weather

See also 1.5 The weather

It's so hot/cold today!_____	Bugün hava ne kadar sıcak/soğuk! *boogewn hava neh kadaR suhjak/so:ook*
Nice weather, isn't it? _____	Hava güzel, değil mi? *hava gewzel, de:il mi?*
What a wind/storm! _____	Bu ne rüzgar/fırtına! *boo neh rewzgaR/fuhRtuhna!*
All that rain/snow! _____	Bu ne yağmur/kar! *boo neh ya:mooR/kahR!*
All that fog!_____	Bu ne sis! *boo neh sis!*
Has the weather been _____ like this for long here?	Hava uzun zamandan beri mi böyle? *hava oozoon zamandan beRi mi buhyleh?*

Conversation

| Is it always this hot/cold here? | Burası her zaman mı bu kadar sıcak/soğuk? *booRasuh heR zaman muh boo kadaR suhjak/so:ook?* |
| Is it always this dry/wet here? | Burası her zaman mı bu kadar kurak/yağışlı? *booRasuh heR zaman muh boo kadaR kooRak/ya:uhshluh?* |

.6 Hobbies

Do you have any hobbies?	Boş zamanlarınızı nasıl değerlendirirsiniz? *bosh zamanlaRuhnuhz nasuhl de:eRlendiRiRsiniz?*
I like painting/reading/photography	Resim yapmayı/kitap okumayı/fotoğraf çekmeyi *urRgew urRmeyi/kitap okooma-yuh/foto:Raf chekmeyi/ufak tefek tahmir ishleRi ileh oo:Rashma-yuh seveRim*
I like music	Müzik dinlemeyi severim *mewzik dinlemeyi seveRim*
I like playing the guitar/piano	Gitar/piyano çalmayı severim *gitaR/piyano chalma-yuh seveRim*
I like going to the movies	Sinemaya gitmeyi severim *sinema-ya gitmeyi seveRim*
I like travelling/playing sports/fishing/walking	Seyahat etmeyi/spor yapmayı/balık tutmayı/yürümeyi severim *seyahat etmeyi/spoR yapma-yuh/baluhk tootma-yuh/yewRewmeyi seveRim*

.7 Being the host(ess)

See also 4 Eating out

Can I offer you a drink?	Size içecek bir şey ikram edebilir miyim? *sizeh ichejek biR shey ikRahm edebiliR miyim?*
What would you like to drink?	Ne içersiniz? *neh icheRsiniz?*
Something non-alcoholic, please	Alkolsüz bir şey, lütfen *alkolsewz biR shey, lewtfen*
Would you like a cigarette/cigar/to roll your own?	Sigara/puro/sarma sigara içer misiniz? *sigaRa/pooRo/saRma sigaRa icheR misiniz?*
I don't smoke	Sigara kullanmam *sigaRa kul-lanmam*

.8 Invitations

Are you doing anything tonight?	Bu akşam meşgul müsünüz? *boo aksham meshgool mewsewnewz?*
Do you have any plans for today/this afternoon/tonight?	Bugün/bugün öğleden sonra/bu akşam için planlarınız var mı? *boogewn/boogewn ur:leden sonRa/boo aksham ichin planlaRuhnuhz vaR muh?*
Would you like to go out with me?	Benimle çıkmak ister misiniz? *benimleh chuhkmak isteR misiniz?*
Would you like to go dancing with me?	Benimle dansa gelmek ister misiniz? *benimleh dansa gelmek isteR misiniz?*

28

Would you like to have _____ lunch/dinner with me?	Benimle öğle yemeğe/akşam yemeğe çıkmak ister misiniz?
	benimleh ur:leh yeme:eh/aksham yeme:eh chuhkmak isteR misiniz?
Would you like to come_____ to the beach with me?	Benimle plaja gelmek ister misiniz?
	benimleh plazha gelmek isteR misiniz?
Would you like to come_____ into town with us?	Bizimle şehire inmek ister misiniz?
	bizimleh sheh-hireh inmek isteR misiniz?
Would you like to come_____ and see some friends with us?	Bizimle arkadaşlara gelmek ister misiniz?
	bizimleh aRkadashlaRa gelmek isteR misiniz?
Shall we dance?_____	Dans edelim mi?
	dans edelim mi?
– sit at the bar? _____	Bara geliyor musun?
	baRa geliyoR moosoon?
– get something to drink? __	Bir şeyler içmeye gidelim mi?
	biR sheyleR ichmeyeh gidelim mi?
– go for a walk/drive?_____	Biraz yürüyelim mi/arabayla gezelim mi?
	biRaz yewRewyelim mi/aRabíla gezelim mi?
Yes, all right _____	Tamam, olur
	tamam, olooR
Good idea _____	İyi fikir
	iyi fikiR
No (thank you) _____	Hayır (teşekkür ederim)
	ha-yuhR teshek-kewR edeRim
Maybe later_____	Belki daha sonra
	belki da-ha sonRa
I don't feel like it _____	Canım istemiyor
	januhm istemiyoR
I don't have time _____	Zamanım yok
	zamanuhm yok
I already have a date _____	Başka bir randevum var
	bashka biR randevoom vaR
I'm not very good at_____ dancing/volleyball/ swimming	Ben dansta/voleybolda/yüzmede pek iyi değilim
	dansta/voleybolda/yewzmedeh pek iyi de:ilim

3 .9 Paying a compliment

You look wonderful! _____	Sizi çok iyi gördüm!
	sizi chok iyi gurRdewm!
I like your car! _____	Ne güzel araba!
	neh gewzel aRaba!
I like your ski outfit! _____	Ne güzel kayak kıyafeti!
	neh gewzel ka-yak kuh-yafeti!
You're a nice boy/girl _____	Çok iyi bir çocuksun/kızsın
	chok iyi biR chojooksoon/kuhzsuhn
What a sweet child! _____	Ne şirin çocuk!
	neh shiRin chojook!
You're a wonderful _____ dancer!	Çok güzel dans ediyorsunuz!
	chok gewzel dans ediyoRsoonooz!
You're a wonderful _____ cook!	Çok güzel yemek pişiriyorsunuz!
	chok gewzel yemek pishiRiyoRsoonooz!
You're a terrific soccer ____ player!	Çok iyi futbol oynuyorsunuz!
	chok iyi footbol oynooyoRsoonooz!

.10 Intimate comments/questions

I like being with you _____	Seninle beraber olmaktan hoşlanıyorum *seninleh beRabeR olmaktan hoshlanuhyoRoom*
I've missed you so much __	Seni öyle özledim ki *seni uhyleh urzledim ki*
I dreamt about you _____	Rüyamda seni gördüm *rew-amda seni gurRdewm*
I think about you all day __	Bütün gün seni düşünüyorum *bewtewn gewn seni dewshewnew-yoRoom*
You have such a sweet ____ smile	Çok tatlı gülüyorsun *chok tatluh gewlew-yoRsoon*
You have such beautiful ____ eyes	O kadar güzel gözlerin var ki *o kadaR gewzel gurzleRin vaR ki*
I'm in love with you _____	Sana aşığım *sana ashuh:uhm*
I'm in love with you too __	Ben de sana *ben deh sana*
I love you _____	Seni seviyorum *seni seviyoRoom*
I love you too _____	Ben de seni *ben deh seni*
I don't feel as strongly ____ about you	Bu duyguları sana karşı duymuyorum *boo dooygoolaRuh sana kaRshuh dooymoo-yoroom*
I already have a _____ boyfriend/girlfriend	Benim erkek arkadaşım/kız arkadaşım var *benim eRkek aRkadashuhm/kuhz aRkadashum vaR*
I'm not ready for that _____	Henüz o noktaya gelmedim *henewz o nokta-ya gelmedim*
This is going too fast _____ for me	Her şey çok çabuk oluyor *heR shey chok chabook olooyoR*
Take your hands off me ____	Benden uzak dur *benden oozak door*
Okay, no problem _____	Tamam, sorun değil *tamam soRoon de:il*
Will you stay with me _____ tonight?	Bu gece bende kalır mısın? *bu gejeh bendeh kaluhR muhsuhn?*
I'd like to go to bed_____ with you	Seninle sevişmek istiyorum *seninleh sevishmek istiyoRoom*
Only if we use a condom __	Sadece prezervatif ile *sadejeh pReseRvatif ileh*
We have to be careful ____ about AIDS	Aids hastalığı yüzünden dikkatli olmamız gerekiyor *ehds hastaluh:uh yewzewnden dik-katluh olmamuhz geRekiyoR*
That's what they all say____	Herkes aynı şeyi söylüyor *heRkes ínuh shey surlew-yor*
We shouldn't take any ____ risks	İşi şansa bırakmayalım *ishi shansa buhRakma-yaluhm*
Do you have a condom? __	Prezervatifin var mı? *pReseRvatifin vaR muh?*
No? In that case we _____ won't do it	Yok mu? O halde sevişemeyiz *yok moo? o haldeh sevishemeyiz*

Conversation

3.11 Arrangements

When will I see you again?	Sizi tekrar ne zaman göreceğim?
	sizi tekRaR neh zaman gurReje:im?
Are you free over the weekend?	Bu hafta sonu zamanınız var mı?
	boo hafta sonoo zamanuhnuhz vaR muh?
What shall we do?	Nasıl yapalım?
	nasuhl yapaluhm?
Where shall we meet?	Nerede buluşalım?
	neRedeh boolooshaluhm?
Will you pick me/us up?	Beni/bizi alacak mısınız?
	beni/bizi alajak muhsuhnuhz?
Shall I pick you up?	Sizi alayım mı?
	sizi ala-yuhm muh?
I have to be home by...	Saat....evde olmam gerekiyor
	saht....evdeh olmam geRekiyoR
I don't want to see you anymore	Sizi bir daha görmek istemiyorum
	sizi biR da-ha gurRmek istemiyoRoom

3.12 Saying good-bye

Can I take you home?	Sizi evinize götürebilir miyim?
	sizi evinize gurtewRebiliR miyim?
Can I write/call you?	Size mektup yazabilir miyim/telefon açabilir miyim?
	sizeh mektoop yazabiliR miyim/telefon achabiliR miyim?
Will you write/call me?	Bana mektup yazar mısınız/telefon açar mısınız?
	bana mektoop yazaR muhsuhnuhz/telefon achaR muhsuhnuhz?
Can I have your address/phone number?	Adresinizi/telefon numaranızı alabilir miyim?
	adResinizi/telefon noomaRasuhnuhzuh alabiliR miyim?
Thanks for everything	Her şey için çok teşekkür ederim
	heR shey ichin chok teshek-kewR edeRim
It was very nice	Her şey çok güzeldi
	heR shey chok gewzeldi
Say hello to...	...selamlarımı söyle
	...selamlaRuhmuh suhyleh
All the best	Size her şeyin en iyisini dilerim
	sizeh heR sheyin en iyisini dileRim
Good luck	İyi şanslar
	iyi shanslaR
When will you be back?	Tekrar ne zaman geleceksiniz?
	tekRaR neh zaman gelejeksiniz?
I'll be waiting for you	Sizi bekleyeceğim
	sizi bekleyeje:im
I'd like to see you again	Sizi tekrar görmeyi çok isterim
	sizi tekRaR gurRmeyi chok isteRim
I hope we meet again soon	Umarım en kısa zamanda tekrar görüşürüz
	oomaRuhm en kuhsa zamanda tekRaR gurRewshewRewz
This is our address. If you're ever in the US...	Bu bizim adresimiz. İngiltere'ye uğrarsanız...
	boo bizim adResimiz. ingilteRe'yeh oo:RaRsanuhz...
...You'd be more than welcome	Her zaman bekleriz
	heR zaman bekleRiz

Eating out

4 Eating out

● **Mealtimes in Turkey** are as follows:

1. *Kahvaltı* (breakfast) - any time between 7.30 and 10.00am. Typically there will be bowls of olives *(zeytin)* and pieces of cheese *(beyaz peynir)* for you to nibble. There will be bread *(ekmek)* with two or three types of jam *(reçel)* or honey *(bal)*. There may be spreading yogurt *(süzme yoğurt)* – use it instead of butter, and combine it with jam. Turkish tea *(çay)* is served black, but you can ask for it to be strong *(demli)* or weak *(açık)*. If you prefer, it can be drunk with lemon *(limon)* on request.

2. *Öğle yemeği* (lunch) – between 12.30 and 2.30 – often a hot meal, but lighter than supper. It is often followed by Turkish coffee, which is very strong. This can be without sugar *(şekersiz or sade)*, very sweet *(şekerli)* or medium *(orta)*. If you prefer just a little sugar, ask for *az şekerli*.

3. *Akşam yemeği* is the main meal of the day and it can be as early as 7.00pm or as late as 10.00pm. It usually includes a very sweet pudding *(tatlı)* but if you prefer, there is often fruit *(meyva)*. Try the melon – it can be delicious.

4 .1 On arrival

I'd like to reserve a table for seven o'clock, please	Saat yedi için bir masa ayırtabilir miyim? *saht yedi ichin biR masa i-uhRtabiliR miyim?*
I'd like a table for two, please	İki kişilik bir masa lütfen *iki kishilik biR masa lewtfen*
We've/we haven't reserved	Yer ayırtmıştık (ayırtmamıştık) *yeR i-uhRtmuhshtuhk (i-uhRtmamuhshtuhk)*
Is the restaurant open yet?	Restoran açık mı? *restoRan achuhk muh?*
What time does the restaurant open/close?	Restoran saat kaçta açılıyor/kapanıyor? *restoRan saht kachta achuhluhyoR/kapanuhyoR?*
Can we wait for a table?	Boş bir masa için bekleyebilir miyiz? *bosh biR masa ichin bekleyebiliR miyiz?*
Do we have to wait long?	Çok beklememiz gerekiyor mu? *chok beklememiz geRekiyoR moo?*
Is this seat taken?	Burası boş mu? *booRasuh bosh moo?*
Could we sit here/there?	Buraya/oraya oturabilir miyiz? *booRa-ya/oRa-ya otooRabiliR miyiz?*
Can we sit by the window?	Cam kenarına oturabilir miyiz? *jam kenahRuhna otooRabiliR miyiz?*
Can we eat outside?	Dışarıda da yiyebilir miyiz? *duhshaRuhda da yiyebiliR miyiz?*
Do you have another chair for us?	Bir sandalyeniz daha var mı? *biR sandal-yeniz da-ha vaR muh?*

Yer ayırtmış mıydınız?	Do you have a reservation?
Adınız lütfen?	What name, please?
Bu taraftan lütfen	This way, please
Bu masa reserve edildi	This table is reserved
On beş dakika sonra bir masa boşalacak	We'll have a table free in fifteen minutes
Masa boşalana kadar barda beklemek ister miydiniz?	Would you like to wait (at the bar)?

Do you have a highchair? __	Çocuk için bir sandalyeniz var mı?
	chojook ichin biR sandal-yeniz vaR muh?
Is there an outlet _____ (a socket) for this bottle-warmer?	Bu biberon ısıtıcısı için bir priziniz var mı?
	boo bibeRon uhsuhtuhjuhsuh ichin biR pRiziniz vaR muh?
Could you warm up _____ this bottle/jar for me?	Bu biberonu/kavanozu ısıtabilir misiniz?
	boo bibeRonoo/kavanozoo uhsuhtabiliR misiniz?
Not too hot, please _____	Çok sıcak olmasın lütfen
	chok suhjak olmasuhn lewtfen
Is there somewhere I _____ can change the baby's diaper?	Bebeğin altını değiştirebileceğim bir yer var mı?
	bebe:in altuhnuh de:ishtiRebileje:im biR yeR vaR muh?
Where are the restrooms? _	Tuvalet ne tarafta?
	too:alet neh taRafta?

4 .2 Ordering

Waiter! _____	Garson!
	gaRson!
Madam! _____	Hanımefendi!
	hanuhmefendi!
Sir!_____	Beyefendi!
	beyefendi!
We'd like something to ___ eat/a drink	Bir şeyler yemek/içmek istiyoruz
	biR sheyleR yemek/ichmek istiyoRooz
Could I have a quick_____ meal?	Çabucak bir şeyler yiyebilir miyim?
	chaboojak biR sheyleR yiyebiliR miyim?
We don't have much _____ time	Fazla zamanımız yok
	fazla zamanuhmuhz yok
We'd like to have a _____ drink first	Önce bir şeyler içmek istiyoruz
	uhnje biR sheyleR ichmek istiyoRooz
Could we see the_____ menu/wine list, please?	Yemek listesini/şarap listesini rica edebilir miyim?
	yemek listesini/shaRap listesini rija edebiliR miyim?
Do you have a menu _____ in English?	İngilizce yemek listeniz var mı?
	ingilizje yemek listeniz vaR muh?
Do you have a dish_____ of the day?	Günlük menünüz/turistik menünüz var mı?
	gewnlewk menewnewz/tooRistik menewnewz vaR muh?
We haven't made a _____ choice yet	Henüz seçimimizi yapmadık
	henewz sechimimizi yapmaduhk
What do you _____ recommend?	Ne tavsiye edersiniz?
	neh tavsiyeh edeRsiniz?
What are the specialities___ of the region/the house?	Bu yörenin/restoranın spesyalitesi nedir?
	boo yuhRenin/restoRanuhn spesyalitesi nediR?
I like strawberries/olives ___	Çileği/zeytini severim
	chile:i/zeytini seveRim
I don't like meat/fish... _____	Balığı/eti/...sevmem
	baluh:uh/eti/...sevmem
What's this?_____	Bu ne?
	boo neh?
Does it have...in it? _____	İçinde...var mı?
	ichindeh...vaR muh?
What does it taste like? ___	Tadı neye benziyor?
	taduh neyeh benziyoR?

Is this a hot or a _____ cold dish?	Bu yemek sıcak mı yoksa soğuk mu?
	boo yemek suhjak muh yoksa so:ook moo?
Is this sweet? _____	Bu yemek tatlı mı?
	boo yemek tatluh muh?
Is this spicy? _____	Bu yemek acı/baharatlı mı?
	boo yemek ajuh/bahaRatluh muh?
Do you have anything _____ else, please?	Başka bir yemeğiniz var mı?
	bashka biR yeme:iniz vaR muh?
I'm on a salt-free diet _____	Tuzsuz yemek perhizindeyim
	toozsooz yemek peRhizindeyim
I can't eat pork _____	Domuz eti yemem yasak
	domooz eti yemem yasak
– sugar _____	Şeker kullanmam yasak
	shekeR kul-lanmam yasak
– fatty foods _____	Yağlı yemek yemem yasak
	ya:luh yemek yemem yasak
– (hot) spices _____	Baharatlı yemek yemem yasak
	bahaRatluh yemek yemem yasak
I'll/we'll have what those _____ people are having	Onlarınkinin aynısını istiyorum
	onlaRuhnkinin ınuhsuhnuh istiyoRoom
I'd like... _____	...istiyorum
	...istiyoRoom
We're not having a _____ starter	Meze istemiyoruz
	mezeh istemiyoRooz
The child will share what _____ we're having	Çocuk bizim yemeğimizden yiyecek
	chojook bizim yeme:imizden yiyejek
Could I have some _____ more bread, please?	Biraz daha ekmek getirir misiniz lütfen?
	biRaz da-ha ekmek getiRiR misiniz lewtfen?
– a bottle of water/wine _____	Bir şişe su/şarap getirir misiniz lütfen?
	biR shisheh su/shaRap getiRiR misiniz lewtfen?
– another helping of... _____	Bir porsiyon...getirir misiniz lütfen?
	biR poRsiyon...getiRiR misiniz lewtfen?
– some salt and pepper _____	Tuz ve karabiber getirir misiniz lütfen?
	tooz ve kaRabibeR getiRiR misiniz lewtfen?
– a napkin _____	Bir peçete getirir misiniz lütfen?
	biR pecheteh getiRiR misiniz lewtfen?
– a spoon _____	Bir kaşık getirir misiniz lütfen?
	biR kashuhk getiRiR misiniz lewtfen?
– an ashtray _____	Bir kül tablası getirir misiniz lütfen?
	biR kewl tablasuh getiRiR misiniz lewtfen?

4 Eating out

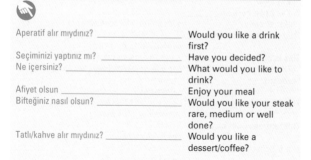

Aperatif alır mıydınız? _____	Would you like a drink first?
Seçiminizi yaptınız mı? _____	Have you decided?
Ne içersiniz? _____	What would you like to drink?
Afiyet olsun _____	Enjoy your meal
Bifteğiniz nasıl olsun? _____	Would you like your steak rare, medium or well done?
Tatlı/kahve alır mıydınız? _____	Would you like a dessert/coffee?

– some matches	Bir kutu kibrit getirir misiniz lütfen?
	biR kootoo kibrit getiRiR misiniz lewtfen?
– some toothpicks	Birkaç tane kürdan getirir misiniz lütfen?
	biRkach taneh kewRdan getiRiR misiniz lewtfen?
– a glass of water	Bir bardak su getirir misiniz lütfen?
	biR baRdak soo getiRiR misiniz lewtfen?
– a straw (for the child)	(Çocuk için) bir kamış getirir misiniz lütfen?
	(chojook ichin) biR kamuhsh getiRiR misiniz lewtfen?
Enjoy your meal!	Afiyet olsun!
	afiyet olsoon!
You too!	Size de!
	sizeh deh!
Cheers!	Şerefe!
	sheRefeh!
The next round's on me	Bir dahaki sefer sıra bende
	biR da-haki sefeR suhRa bendeh
Could we have a doggy bag, please?	Kalanları paket yapar mısınız?
	kalanlaRuh paket yapaR muhsuhnuhz?

.3 The bill

See also 8.2 Settling the bill

How much is this dish?	Bu yemeğin fiyatı ne kadar?
	boo yeme:in fiyatuh neh kadaR?
Could I have the bill, please?	Hesap lütfen
	hesap lewtfen
All together	Hepsi bir arada
	hepsi biR aRada
Everyone pays separately	Herkes kendi hesabını ödeyecek
	heRkes kendi hesabuhnuh urdeyejek
Could we have the menu again, please?	Yemek listesine bir göz atabilir miyiz?
	yemek listesine biR gurz atabiliR miyiz?
The...is not on the bill	...hesapta yok
	...hesapta yok

.4 Complaints

It's taking a very long time	Çok uzun sürüyor
	chok oozoon sewRew-yor
We've been here an hour already	Bir saatten beri buradayız
	biR saht-ten beRi booRada-yuhz
This must be a mistake	Bir yanlışlık olmalı
	bir yanluhshluhk olmaluh
This is not what I ordered	Ben bunu ısmarlamamıştım
	ben boonoo uhsmaRlamamuhshtuhm
I ordered...	...istemiştim
	...istemishtim
There's a dish missing	Yemeklerden biri eksik
	yemekleRden biRi eksik
This is broken/not clean	Bu kırık/kirli
	boo kuhRuhk/kiRli
The food's cold	Yemek soğuk
	yemek so:ook

– not fresh _____	Yemek taze değil	
	yemek tazeh de:il	
– too salty/sweet/spicy _____	Yemek çok tuzlu/tatlı/baharatlı	
	yemek chok toozloo/tatluh/bahaRatluh	
The meat's not done _____	Et iyi pişmemiş	
	et iyi pishmemish	
– overdone _____	Et çok haşlanmış	
	et chok hashlanmuhsh	
– tough _____	Et çok sert	
	et chok seRt	
– spoiled _____	Et bozuk	
	et bozook	
Could I have something ___	Bunun yerine bana başka bir şey verebilir	
else instead of this?	misiniz?	
	boonoon yeRineh bana bashka biR shey	
	veRebiliR misiniz?	
The bill/this amount is _____	Hesapta bir yanlışlık var	
not right	*hesapta bir yanluhshluhk vaR*	
We didn't have this _____	Biz bunu yemedik	
	biz boonoo yemedik	
There's no toilet paper _____	Tuvalette tuvalet kağıdı kalmamış	
in the bathroom	*too-alet-te too-alet ka:uhduh kalmamuhsh*	
Do you have a _____	Şikayet defteriniz var mı?	
complaints book?	*shika-yet defteRiniz vaR muh?*	
Will you call the _____	Şefinizi çağırır mısınız lütfen?	
manager, please?	*shefinizi cha:uhRuhR muhsuhnuhz lewtfen?*	

 .5 Paying a compliment

That was a wonderful _____	Yemeklerinizi çok beğendik
meal	*yemekleRinizi chok be:endik*
The food was excellent ____	Yemekleriniz çok lezizdi
	yemekleRiniz chok lezizdi
The...in particular was _____	Özellikle...çok lezzetliydi
delicious	*urzel-likleh...chok lez-zetliydi*

Eating out

Eating out

.6 The menu

alkollü içkiler	kahvaltı	şarap listesi
alcoholic drinks	breakfast	wine list
alkolsüz içkiler	KDV dahil	sebze yemekleri
non-alcoholic drinks	including VAT	vegetable dishes
aperatif	kokteyller	servis dahil
appetizer	cocktails	service included
balık çeşitleri	menü	servis hariç
choice of fish dishes	menu	service not included
çorba çeşitleri	meyva	sıcak yemekler
choice of soups	fruit	hot dishes
etli yemekler	mezeler	soğuk yemekler
meat dishes	starters	cold dishes
etsiz yemekler	pasta çeşitleri	tatlılar
vegetarian dishes	choice of cakes	desserts
ızgara	salatalar	
grills	salads	

.7 Alphabetical list of drinks and dishes

alabalık	biftek	çikolatalı dondurma
trout	steak	chocolate ice cream
armut	bira	çilek
pear	beer	strawberries
aşure	bisküvi	cızbız köfte
sweet dish made from	cookies	grilled meatballs
fruit and many kinds	böbrek	çoban salatası
of nut	kidneys	cucumber, tomato and
ayran	bonfile	onion salad
yogurt drink	best cut (beef)	çorba
ayşe kadın fasulyesi	börek	soup
green beans	pastry	dana eti
ayva	brüksel lahanası	veal
quince	Brussels sprouts	dil
badem ezmesi	bulgur	tongue
ground almonds	bulgar wheat	dil balığı
bakla	but	sole
broad beans	leg (of meat)	domates
baklava	buz	tomatoes
sticky pastry	ice	domates çorbası
balık	cacık	tomato soup
fish	cucumber and yogurt	domates dolması
beyaz peynir	çay	stuffed tomatoes
white cheese (like feta)	tea	domates salatası
beyaz şarap	çerkez tavuğu	tomato salad
white wine	chicken with walnuts	domates salçası
bezelye	ceviz	sauce made from
peas	walnut	tomatoes
biber	ciğer	domuz eti
peppers	liver	pork
biber dolması	çikolata	dondurma
stuffed peppers	chocolate	ice cream

döner
spit-roast
düğün çorbası
meat and yogurt soup
ekmek
bread
elma
apple
enginar
globe artichoke
erik
plum
et
meat
et suyu
meat stock
etli bezelye
peas cooked with meat
fasulye
beans
fındık
hazelnuts
fırında
oven-roast
gazoz
fizzy lemonade
güveç
meat and vegetable casserole
hamsi
anchovy
hardal
mustard
havuç
carrot
helva
halva
hindi
turkey
hurma
dates
iç pilav
rice stuffing
imam bayıldı
stuffed eggplant
incir
fig
irmik helvası
semolina halva
işkembe çorbası
tripe soup
ıspanak
spinach
ıstakoz
lobster

istiridye
oysters
ızgara
grill/grilled
izmir köftesi
meatballs in tomato sauce
jöle
jelly
kabak
zucchini/marrow
kabak dolması
stuffed zucchini
kadınbudu köfte
meat and rice rissoles
kahve
coffee
kalkan balığı
turbot
karabiber
black pepper
karides
shrimps
karışık
mixed
karnabahar
cauliflower
karnıyarık
eggplant stuffed with ground meat
karpuz
water melon
kaşar peyniri
cheese (cheddar-type, sometimes dry, usually mature)
kavun
melon
kayısı
apricot
kebap
kebab
keçi
goat
kekik
thyme
keklik
partridge
kereviz
celery
kestane
chestnut
ketçap
ketchup

kiraz
cherry
kırlangıç
swallow (bird)
kırmızı biber
red pepper
kırmızı lahana
red cabbage
kırmızı şarap
red wine
kırmızı turp
radishes
kıyma
mince
kızartılmış ekmek
toast
köfte
meatballs
kokoreç
sheep's chitterlings cooked on a spit
komposto
stewed fruit
koyun eti
mutton
kuru fasulye
dried beans
kuşkonmaz
asparagus
kuzu budu
leg of lamb
kuzu eti
lamb
lahana
cabbage
lahana dolması
stuffed cabbage
lahmacun
Turkish pizza made with ground meat, spices and onions
levrek
bass
limon
lemon
limonata
lemonade
lokum
Turkish delight
maden sodası
soda water
maden suyu
mineral water
makarna
macaroni

Eating out

mandalina	patlıcan musakkası	şekerpare
tangerine, mandarin	moussaka	**small cakes cooked in**
mantar	patlıcan salatası	**sweet syrup**
mushroom	**eggplant salad**	sığır eti
maydanoz	peynir	**beef**
parsley	**cheese**	sirke
mayonez	pide	**vinegar**
mayonnaise	**(flat) bread**	şiş kebap
menemen	pilav	**shish kebab**
omlette with tomatoes,	**rice**	sivri biber
onion and paprika	piliç	**long green pepper**
mercimek çorbası	**small chicken**	siyah zeytin
lentil soup	pırasa	**black olives**
meyva suyu	**leek**	sos
fruit juice	pirzola	**sauce**
mezgit	**cutlet**	su
whiting	portakal	**water**
midye	**orange**	süt
mussels	portakal suyu	**milk**
midye dolması	**orange juice**	tarçın
stuffed mussels	rafadan yumurta	**cinnamon**
midye pilakisi	**lightly-**	tarhana çorbası
mussel stew (cold)	**boiled egg**	**soup made from grain,**
midye tava	rakı	**yogurt and tomatoes**
fried mussels	**aniseed spirit served**	tas kebabı
mısır	**mixed with a little**	**braised lamb**
sweetcorn	**water**	tavada
mücver	ringa balığı	**fried**
zucchini croquettes	**herring**	tavşan
mürekkep balığı	roka	**rabbit**
squid	**rocket (salad**	tavuk
muz	**vegetable)**	**chicken**
banana	salata	tavuk çorbası
nar	**salad**	**chicken soup**
pomegranate	salatalık	tavuk göğsü
omlet	**cucumber**	**milk pudding**
omlette	salmon	**cooked with**
ördek	**salmon**	**chicken breast**
duck	şam fıstığı	taze
pancar	**pistachio**	**fresh**
beet	şarap	terbiyeli
pastırma	**wine**	**with a sauce**
pressed (spiced)	sardalya	tereyağı
meat	**sardines**	**butter**
patates	sarımsak	tereyağlı
potatoes	**garlic**	**made with butter**
patates kızartması	sazan	turna balığı
French fries	**carp**	**pike**
patates püresi	sebze	turp
mashed potatoes	**vegetable**	**radishes**
patates salatası	sebze çorbası	turşu
potato salad	**vegetable soup**	**pickled**
patlıcan	şeftali	tuz
eggplant	**peach**	**salt**
patlıcan kızartması	şeker	tuzlu
fried eggplant	**sugar**	**with added salt, salty**

tuzsuz without salt
un flour
un kurabiyesi cake made with almond and nuts
uskumru mackerel
üzüm grapes
vanilya vanilla
vanilyalı dondurma vanilla ice cream
vermut vermouth

viski whisky
vişne morello cherries
yağlı et meat (not lean)
yağsız et lean meat
yaprak dolması stuffed vine leaves
yayla çorbası parsley and yogurt soup
yengeç crab

yeşil zeytin green olives
yoğurt yogurt
yoğurt çorbası yogurt soup
yumurta eggs
zeytin olives
zeytin yağı olive oil
zeytin yağlı made with olive oil

Eating out

On the road

On the road

.1 **A**sking for directions

Excuse me, could I ask you something?	Özür dilerim, size bir şey sorabilir miyim? *urzewR dileRim, sizeh biR shey soRabiliR miyim?*
I've lost my way	Yolumu kaybettim *yoloomoo kíbet-tim*
Is there a(n)... around here?	Bu civarda bir...var mı? *boo jivaRda biR...vaR muh?*
Is this the way to...?	...giden yol bu mu? *...giden yol boo moo?*
Could you tell me how to get to the... (name of place) by car/on foot?	Bana...arabayla/yaya nasıl gidebileceğimi söyleyebilir misiniz? *bana...aRabila/ya-ya nasuhl gidebileje:imi suhyleyebiliR misiniz?*
What's the quickest way to...?	...en çabuk nasıl gidebilirim? *...en chabook nasuhl gidebiliRim?*
How many kilometers is it to...?	...kaç kilometre kaldı? *...kach kilometReh kalduh?*
Could you point it out on the map?	Haritada gösterebilir misiniz? *haRitada gursteRebiliR misiniz?*

Bilmiyorum, buralı değilim	I don't know, I don't know my way around here
Yanlış yoldasınız	You're going the wrong way
... geri dönmelisiniz	You have to go back to...
Oradan levhaları takip ediniz	From there on just follow the signs
Oraya varınca tekrar sorun	When you get there, ask again

doğru	sokak	bağlantı yolu
straight ahead	**the street**	**the overpass**
sola	trafik ışıkları	köprü
left	**the traffic lights**	**the bridge**
sağa	tünel	hemzemin geçit
right	**the tunnel**	**the grade crossing**
dönmek	'yol ver' işareti	... giden yolu gösteren
turn	**the `yield' sign**	levha
takip etmek	bina	**the sign pointing to...**
follow	**the building**	
karşıya geçmek	köşede	
cross	**at the corner**	
kavşak	ırmak/nehir	
the intersection	**the river**	

On the road

.2 Customs

● **Before you set out,** you will need a valid passport. On arrival, you will have to acquire a visa, which is normally issued automatically. Get in line for the visa before passport control. Drivers need an international driving licence, green card, valid plates, insurance which is valid in Turkey and also their car registration documents.
You may take 5 liters of spirits into the country, and up to 200 cigarettes.

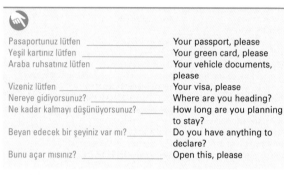

Pasaportunuz lütfen _____	Your passport, please
Yeşil kartınız lütfen _____	Your green card, please
Araba ruhsatınız lütfen _____	Your vehicle documents, please
Vizeniz lütfen _____	Your visa, please
Nereye gidiyorsunuz? _____	Where are you heading?
Ne kadar kalmayı düşünüyorsunuz? _____	How long are you planning to stay?
Beyan edecek bir şeyiniz var mı? _____	Do you have anything to declare?
Bunu açar mısınız? _____	Open this, please

My children are entered on this passport	Çocuklar pasaportuma kayıtlı *chojooklaR pasapoRtooma kayuhtluh*
I'm traveling through _____	Ülkenizden geçiyordum *ewlkenizden gechiyoRdoom*
I'm going on vacation to... _	...tatile gidiyorum *...tatileh gidiyoRoom*
I'm on a business trip _____	İş seyahatindeyim *ish sey-ahatindeyim*
I don't know how long I'll be staying yet	Ne kadar kalacağımı daha bilmiyorum *neh kadaR kalaja:uhmuh da-ha bilmiyoRoom*
I'll be staying here for a weekend	Bir hafta sonu kalacağım *biR hafta sonoo kalaja:uhm*
– for a few days _____	Birkaç gün kalacağım *biRkach gewn kalaja:uhm*
– for a week _____	Bir hafta kalacağım *biR hafta kalaja:uhm*
– for two weeks _____	İki hafta kalacağım *iki hafta kalaja:uhm*
I have nothing to declare	Beyan edecek bir şeyim yok *bey**ahn** edejek biR sheyim yok*
I've got...with me _____	Yanımda...var *yanuhmda...vaR*
– ...cartons of cigarettes _____	Yanımda bir karton sigara var *yanuhmda biR kaRton sigaRa vaR*
– ...bottles of... _____	Yanımda bir şişe...var *yanuhmda biR shisheh...vaR*
– some souvenirs _____	Yanımda birkaç hediyelik eşya var *yanuhmda biRkach hediyelik eshya vaR*

These are personal _____ effects	Bunlar benim şahsi eşyalarım
	boonlaR benim shasi eshyalaRuhm
These are not new _____	Bu eşyalar yeni değil
	boo eshyalaR yeni de:il
Here's the receipt _____	Makbuzu burada
	makboozoo booRada
This is for private use _____	Bu kişisel kullanım için
	boo kishisel kool-lanuhm ichin
How much import duty _____ do I have to pay?	Ne kadar gümrük vergisi ödemem gerek?
	neh kadaR gewmRewk veRgisi urdemem geRek?
Can I go now? _____	Gidebilir miyim?
	gidebiliR miyim?

 .3 Luggage

Porter! _____	Hamal!
	hamal!
Could you take this_____ luggage to...?	Bu bagajı...götürür müsünüz lütfen?
	boo bagazhuh...gurtewRewR mewsewnewz lewtfen?
How much do I_____ owe you?	Borcum ne kadar?
	boRjoom neh kadaR?
Where can I find a_____ luggage cart?	Nerede bir bagaj vagonu bulabilirim?
	neRedeh biR bagazh vagonoo boolabiliRim?
Could you store this _____ luggage for me?	Bu bagajı emanete verebilir miyim?
	*boo bagazhuh em**ahneteh** veRebiliR miyim?*
Where are the luggage _____ lockers?	Bagaj saklama dolapları nerede?
	bagazh saklama dolaplaRuh neRedeh?
I can't get the locker _____ open	Bagaj saklama dolabını açamıyorum
	bagazh saklama dolabuhnuh achamuhyoRoom
How much is it per item _____ per day?	Parça başına günlüğü ne kadar?
	paRcha bashuhna gewnlew:ew neh kadaR?
This is not my bag/_____ suitcase	Bu benim çantam/bavulum değil
	boo benim chantam/bavooloom de:il
There's one item/bag/ _____ suitcase missing still	Bir parça/çanta/bavul eksik
	biR paRcha/chanta/bavool eksik
My suitcase is damaged _____	Bavulum hasara uğramış
	bavooloom hasaRa oo:Ramuhsh

 .4 Traffic signs

Beklemek yasaktır	H (hastane)	Tamirat
no waiting	H (hospital)	roadworks
Bozuk yol	Havaalanı	Tek yön
poor road surface	airport	one way
D (durak)	Jandarma	Tünel
D (bus stop)	police station	tunnel
Dikkat	Park etmek yasaktır	Viraj
caution	no parking	curve
Dur	Polis	Yangın tehlikesi
stop	police	danger of fire
Gümrük	Şehir merkezi	Yavaş
customs	city center	slow

5.5 The car

See the diagram on page 49.

● **Speed limits** are 50km/h in city centers and 90km/h on the open
road (for cars with trailers, limits are 40 and 70 respectively).
All accidents must be reported to the police whether or not personal
injury occurs. In the event of an accident, you may find the other driver
has *tek taraflı* insurance which covers only his or her own claims, or *çift
taraflı* which should cover yours, too.
In country areas, Turkish drivers are always on the look-out for the
occasional unexpected obstruction on the road (farm machinery or
herds of animals) and in the towns, when the traffic lights show green,
they may well prudently check that no car is about to cross their path
against the red. Turkish driving standards are often high, but always be
ready for exceptions.
On open roads, *take particular care on curves, as poor road conditions
exist.*

5.6 The gas station

● **Gas is not particularly expensive** in Turkey, and out-of town
filling stations often have excellent facilities for refreshment.
Attendant service is normal.

How many kilometers to ___ the next gas station, please?	Bir sonraki benzin istasyonuna kaç kilometre var? *biR sonRaki benzin istas-yonoona kach kilometReh vaR?*
I would like...liters of..., ___ please	...litre...istiyorum *...litReh...istiyoRoom*
– super _____	...litre kurşunlu benzin istiyorum *...litReh kooRshoonloo benzin istiyoRoom*
– leaded _____	...litre kurşunsuz benzin istiyorum *...litReh kooRshoonsooz benzin istiyoRoom*
– unleaded _____	...litre süper benzin istiyorum *...litReh sewpeR benzin istiyoRoom*
– diesel _____	...litre dizel istiyorum *...litReh dizel istiyoRoom*
I would like...liras' _____ worth of gas, please	...liralık benzin istiyorum *...liRaluhk benzin istiyoRoom*
Fill her up, please _____	Doldurun lütfen *doldooRoon lewtfen*
Could you check...? _____	...kontrol eder misiniz? *...kontRol edeR misiniz?*
– the oil level _____	Yağ seviyesini kontrol eder misiniz? *ya: seviyesini kontRol edeR misiniz?*
– the tire pressure _____	Lastiklerdeki hava basıncını kontrol eder misiniz? *lastikleRdeki hava basuhnjuhnuh kontRol edeR misiniz?*
Could you change the ___ oil, please?	Yağı değiştirebilir misiniz? *ya:uh de:ishtiRebiliR misiniz?*
Could you clean the ___ windows/the windshield, please?	Camları/ön camı silebilir misiniz? *jamlaRuh/on camuh silebiliR misiniz?*
Could you wash the car, ___ please?	Arabamı yıkayabilir misiniz? *aRabamuh yuhka-yabiliR misiniz?*

I'm having car trouble. Could you give me a hand?	Arabam arızalandı. Yardım edebilir misiniz? *aRabam aRuhzalanduh. yaRduhm edebiliR misiniz?*
I've run out of gas	Benzinim bitti *benzinim bit-ti*
I've locked the keys in the car	Anahtarları arabanın içinde unuttum *anaHtaRlaRuh aRabanuhn ichindeh oonoot-toom*
The car/motorcycle/ moped won't start	Arabam/motosikletim/mopetim çalışmıyor *aRabam/motosikletim/mopetim chalushmuhyoR*
Could you contact the road service for me, please?	Benim için Türkiye Turing ve Otomobil Kurumunu arayabilir misiniz? *benim ichin tewRkiyeh tooRing ve otomobil kooRoomoonu ara-yabiliR misiniz?*
Could you call a garage for me, please?	Bir araba tamircisini arayabilir misiniz? *biR aRaba **tah**miRcisini aRa-yabiliR misiniz?*
Could you give me a lift to...?	Sizinle...kadar gelebilir miyim? *sizinleh...kadaR gelebiliR miyim?*
– a garage/into town?	Sizinle bir araba tamircisine/şehire kadar gelebilir miyim? *sizinleh biR aRaba **tah**miRjisin**eh**/she-hiReh kadaR gelebiliR miyim?*
– a phone booth?	Sizinle bir telefon kulübesine kadar gelebilir miyim? *sizinleh biR telefon koolewbesineh kadaR gelebiliR miyim?*
– an emergency phone?	Sizinle en yakın telefona kadar gelebilir miyim? *sizinleh en yakuhn telefona kadaR gelebiliR miyim?*
Can we take my bicycle/moped?	Bisikletimi/mobiletimi de alabilir miyiz? *bisikletimi/mobiletimi deh alabiliR miyiz?*
Could you tow me to a garage?	Arabamı bir araba tamircisine kadar çekebilir misiniz? *aRabamuh biR aRaba **tah**miRjisineh kadaR chekebiliR misiniz?*
There's probably something wrong with...(See 49)	Büyük bir olasılıkla...arızalı *bewyewk biR olasuhluhkla...aRuhzaluh*
Can you fix it?	Tamir edebilir misiniz? ***tah**miR edebiliR misiniz?*
Could you fix my tire?	Lastiğimi tamir edebilir misiniz? *lasti:imi **tah**miR edebiliR misiniz?*
Could you change this wheel?	Bu tekerleği değiştirebilir misiniz? *boo tekeRle:i de:ishtiRebiliR misiniz?*
Can you fix it so it'll get me to...?	...varana kadar idare edecek bir şekilde tamir edebilir misiniz? *...vaRana kadaR idaReh edejek biR shekildeh **tah**miR edebiliR misiniz?*
Which garage can help me?	Bana hangi tamircide yardımcı olabilirler? *bana hangi **tah**miRjid**eh** yaRduhmjuh olabiliRleR?*
When will my car/bicycle be ready?	Arabam/bisikletim ne zaman hazır olur? *aRabam/bisikletim neh zaman hazuhR olooR?*
Can I wait for it here?	Burada bekleyebilir miyim? *booRada bekleyebiliR miyim?*

On the road

5

The parts of a car
(the diagram shows the numbered parts)

1	battery	akümülatör	akewmewlaturR
2	rear light	arka lamba	aRka lamba
3	rear-view mirror	ayna	ína
	backup light	geri vites lambası	geRi vites lambasuh
4	antenna	anten	anten
	car radio	radyo	radyo
5	gas tank	yakıt deposu	yakuht deposoo
	inside mirror	iç ayna	ich ína
6	sparking plugs	buji	boozhi
	fuel filter/pump	yakıt filtresi/pompası	yakuht filtResi/pompasuh
7	side mirror	dış ayna	duhsh ína
8	bumper	tampon	tampon
	carburetor	karbüratör	kaRbewRaturR
	crankcase	karter	kaRteR
	cylinder	silindir	silindiR
	ignition	kontak	kontac
	warning light	kontrol lambası	kontRol lambasuh
	generator	dinamo	dinamo
	accelerator	gaz pedalı	gaz pedaluh
	handbrake	el freni	el fReni
	valve	subap	soobap
9	muffler	ses kesici	ses kesiji
10	trunk	bagaj	bagazh
11	headlight	far	faR
	crank shaft	krank	kRank
12	air filter	hava filtresi	hava filtResi
	fog lamp	sis lambası	sis lambasuh
13	engine block	motorblok	motoRblok
	camshaft	kamlı mil	kamluh mil
	oil filter/pump	yağ filtresi/pompası	ya: filtResi/pompasuh
	dipstick	yağ seviye kontrol çubuğu	ya: seviyeh kontRol chooboo:oo
	pedal	pedal	pedal
14	door	kapı	kapuh
15	radiator	radyatör	rad-yaturR
16	brake disk	fren diski	fRen diski
	spare wheel	yedek tekerlek	yedek tekeRlek
17	indicator	yön gösterici	yurn gursteRiji
18	windshield wiper	cam sileceği	jam sileje:i
19	shock absorbers	amortisör	amoRtisurR
	sunroof	tente	tenteh
	spoiler	arka kapak	aRka kapak
	starter motor	marş motoru	maRsh motoRoo
20	steering column	direksiyon kutusu	diReksiyon kootoosoo
21	exhaust pipe	egzoz borusu	egzoz boRoosoo
22	seat belt	emniyet kemeri	emniyet kemeRi
	fan	vantilatör	vantilaturR
23	distributor cables	distribütör kablosu	distRibewturR kablosoo

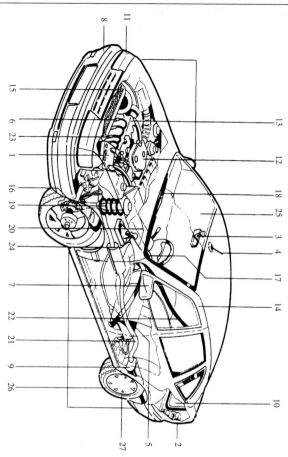

5

On the road

24	gear shift	vites kolu	vites koloo
25	windshield	ön cam	urn jam
	water pump	su pompası	soo pompasuh
26	wheel	tekerlek	tekeRlek
27	hubcap	tekerlek poyrası	tekeRlek poyRasuh
	piston	piston	piston

49

How much will it cost? ____	`Ne kadar tutacak? _neh kadaR tootajak?_
Could you itemize _____ the bill?	Hesabı makbuza ayrıntılı olarak geçirebilir misiniz? _hesabuh makbooza íRuhntuhluh olaRak gechiRebiliR misiniz?_
Can I have a receipt for ____ the insurance?	Sigorta için bir makbuz verir misiniz? _sigoRta ichin biR makbooz veRiR misiniz?_

5 .8 The bicycle/moped

See the diagram on page 53.

● **Turks use bicycles** only for short-distance journeys, and cycling by
tourists is only gradually becoming more common.
Motorcycles are subject to the same speed limits as cars with trailers
(40 km/h in town and 70 on the open road).

5 .9 Renting a vehicle

I'd like to rent a... _____	...kiralamak istiyorum _...kiRalamak istiyoRoom_
Do I need a (special) _____ license for that?	Onun için (özel) bir ehliyetim olması gerekiyor mu? _onoon ichin (urzel) biR eHliyetim olmasuh geRekiyoR moo?_
I'd like to rent the...for... ___	... ...kiralamak istiyorum _... ...kiRalamak istiyoRoom_
– one day _____	...bir günlüğüne kiralamak istiyorum _...biR gewnlew:ewneh kiRalamak istiyoRoom_
– two days _____	...iki günlüğüne kiralamak istiyorum _...iki gewnlew:ewneh kiRalamak istiyoRoom_
How much is that per_____ day/week?	Günlüğü/haftalığı ne kadar? _gewnlew:ew/haftaluh:uh neh kadaR?_
How much is the _____ deposit?	Ne kadar kaparo ödemem gerek? _neh kadaR kapaRo urdemem geRek?_
Could I have a receipt ____ for the deposit?	Sizden kaparoyu ödediğime dair bir makbuz alabilir miyim? _sizden kapaRoyu urdedi:ime diR biR makbooz alabiliR miyim?_
How much is the _____ surcharge per kilometer?	Kilometre başına ek olarak ne kadar ödemem gerek? _kilometReh bashuhnuh ek olaRak neh kadaR urdemem geRek?_
Does that include gas?____	Benzin dahil mi? _benzin da-hil mi?_
Does that include _____ insurance?	Sigorta dahil mi? _sigoRta da-hil mi?_

Arabanız/bisikletiniz için gerekli _____ yedek parçalar elimde yok	I don't have parts for your car/bicycle
Yedek parçaları başka bir yerden _____ almam gerek	I have to get the parts from somewhere else
Yedek parçaları ısmarlamam gerek_____	I have to order the parts
Yarım gün sürer _____	That'll take half a day
Bir gün sürer _____	That'll take a day
Birkaç gün sürer _____	That'll take a few days
Bir hafta sürer _____	That'll take a week
Arabanız hurda olmuş _____	Your car is a write-off
Yapılacak hiç bir şey yok _____	It can't be repaired
Arabanız/motosikletiniz/mobiletiniz/ _____ bisikletiniz saat...hazır olur	The car/motorcycle/ moped/bicycle will be ready at...o'clock

What time can I pick _____ the...up tomorrow?	...yarın saat kaçta gelip alabilirim? *...yaRuhn saht kachta gelip alabiliRim?*
When does the...have _____ to be back?	...ne zaman geri getirmem gerek? *...neh zaman geRi getiRmem geRek?*
Where's the gas tank? _____	Yakıt deposu nerede? *yakuht deposoo neRedeh?*
What sort of fuel does _____ it take?	Depoyu hangi tür yakıt ile doldurmam gerek? *depoyoo hangi tewR yakuht ileh doldooRmam geRek?*

5 .10 Hitchhiking

● **Short-distance hitchhiking** is very common in Turkey, but you will be expected to offer to pay the driver (*Borcum ne kadar?*). As a visitor, your offer will almost certainly be declined, but it is rude not to make the gesture.
For long distances, check out the bus prices. They can be surprisingly inexpensive, just as much a social opener, and much more dependable than hitching.

Where are you heading? _____	Nereye gidiyorsunuz? *neReyeh gidiyoRsoonooz?*
Can I come along? _____	Sizinle gelebilir miyim? *sizinleh gelebiliR miyim?*
Can my boyfriend/ _____ girlfriend come too?	Erkek/kız arkadaşım da gelebilir mi? *eRkek/kuhz aRkadashuhm da gelebiliR mi?*
I'm trying to get to... _____	...gitmem gerek *...gitmem geRek*
Is that on the way to...? _____	...yolu üzerinde mi? *...yoloo ewzeRindeh mi?*
Could you drop me off...? _____	Beni...indirebilir misiniz? *beni...indiRebiliR misiniz?*
– here? _____	Beni burada indirebilir misiniz? *beni booRada indiRebiliR misiniz?*
– at the...exit? _____	Beni...giden yolda indirebilir misiniz? *beni...giden yolda indiRebiliR misiniz?*
– in the center? _____	Beni şehir merkezinde indirebilir misiniz? *beni she-hiR meRkezindeh indiRebiliR misiniz?*

On the road

The parts of a bicycle
(the diagram shows the numbered parts)

1	rear light	arka lamba	*aRka lamba*
2	rear wheel	arka tekerlek	*aRka tekeRlek*
3	(luggage) carrier	port bagaj	*poRt bagazh*
4	fork crown	direksiyon mili	*diReksiyon mili*
5	bell	zil	*zil*
	inner tube	iç lastik	*ich lastik*
	tire	dış lastik	*duhsh lastik*
6	crank	pedal kolu	*pedal koloo*
7	gear change	zincir dişlisi	*zinjiR dishlisi*
	wire	kablo	*kablo*
	generator	dinamo	*dinamo*
	bicycle trailer	iki tekerlek yük arabası	*iki tekeRlek yewk aRabasuh*
	frame	karkas	*kaRkas*
8	dress guard	çamurluk	*chamooRlook*
		(bayan elbisesi için)	*(ba-yan elbisesi ichin)*
9	chain	zincir	*zinjiR*
	chain guard	zincir muhafazası	*zinjiR moohafazasuh*
	lock and chain	zincir kiliti	*zinjiR kiliti*
	odometer	kilometre sayacı	*kilometReh sa-yajuh*
	child's seat	çocuk oturacağı	*hojook otooRaja:uh*
10	headlight	far	*faR*
	bulb	ampul	*ampool*
11	pedal	pedal	*pedal*
12	pump	bisiklet pompası	*bisiklet pompasuh*
13	reflector	reflektör	*reflekturR*
14	brake shoe	fren kampanası	*fRen kampanasuh*
15	brake cable	fren teli	*fRen teli*
16	ring lock	dairesel kilit	*diResel kilit*
17	carrier straps	bagaj lastiği	*bagazh lastik*
	speedometer	hız göstergesi	*huhz gursteRgesi*
18	spoke	jant teli	*zhant teli*
19	mudguard	çamurluk	*chamooRlook*
20	handlebar	direksiyon	*diReksiyon*
21	chain wheel	çark	*chaRk*
	toe clip	tutma aleti	*tootma aleti*
22	crank axle	pedal kolu mili	*pedal koloo mili*
	drum brake	makaralı fren	*makaRaluh fRen*
	rim	jant	*zhant*
23	valve	subap	*subap*
24	valve sleeve	subap hortumu	*subap hoRtoomoo*
25	gear cable	vites teli	*vites teli*
26	front fork	ön tekerlek çatalı	*urn tekeRlek chataluh*
27	front wheel	ön tekerlek	*urn tekeRlek*
28	seat	sele	*seleh*

On the road

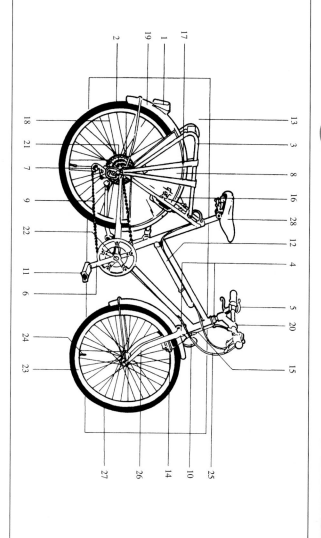

– at the next rotary? _____ Beni bir sonraki dönel kavşakta indirebilir
misiniz?
beni biR sonRaki durnel kavshakta indiRebiliR misiniz?

Could you stop here, _____ Burada durur musunuz lütfen?
please? *booRada dooRooR moosoonooz lewtfen?*

I'd like to get out here _____ Burada inmek istiyorum
booRada inmek istiyoRoom

How much do I owe you? _____ Borcum ne kadar?
borjoom neh kadaR?

Thanks for the lift _____ Otostop için teşekkür ederim
otostop ichin teshek-kewR edeRim

Public transportation

6 **P**ublic transport

6 **.1** In general

● **Train travel** is not the automatic option for long-distance travel.
The rail network is relatively restricted, and journey times can be very
long.
Bus travel, on the other hand, is surprisingly cheap and very efficient,
so ask first about bus timetables and fares, and check out competing
companies. The bus-station (*otogar*) may be on the edge of town, but a
minibus service often provides a city-center link. Seats are numbered,
and reservable in advance; you would do well to avoid the sunny side
of the bus.
Your fellow-passengers will be friendly, and ensure that you get off at
the stop you want. Each bus has an attendant (*yardımcı*) and the
upmarket companies provide a hostess (*hostes*). The *yardımcı* or
hostes will provide cologne for passengers to splash on their hands
and hair, and, when asked, will give anyone water to drink.
Refreshment breaks come every hour and a half.

Announcements

...giden (10:40) treninin...5 dakika _____ rötarı var	The [10:40] train to...has been delayed by 15 minutes
...giden/...gelen (10:40) tren _____ 5. perona girmek üzeredir	The train now arriving at platform 5 is the [10:40] train to.../from...
...giden (10:40) tren 5. peronda_____ hala bekliyor	The [10:40] train to...is about to leave from platform 5
...giden tren...perondan hareket_____ etmektedir	The train to...will leave from platform...
...istasyonuna girmek üzereyiz _____	We're now approaching...

Where does this train_____ go to?	Bu tren nereye gidiyor? *boo tRen neReyeh gidiyoR?*
Does this boat go to...? ____	Bu vapur...gidiyor mu? *boo vapooR...gidiyoR moo?*
Can I take this bus to...? ___	...gitmek için bu otobüse mi binmem gerekiyor? *...gitmek ichin boo otobewseh mi binmem geRekiyoR?*
Does this train stop at...? __	Bu tren...duruyor mu? *boo tRen...dooRooyoR moo?*
Is this seat taken/free/_____ reserved?	Burası dolu mu/boş mu/ayırtılmış mı? *booRasuh doloo moo/bosh moo/a-yuhRtuhlmuhsh muh?*
I've reserved... _____	Ben...yer ayırtmıştım *ben...yeR a-yuhRtmuhshtuhm*
Could you tell me _____ where I have to get off for... ?	Nerede inmem gerektiğini söyler misiniz *neRedeh inmem geRekti:ini suhyleR misiniz?*

Could you let me _____ know when we get to...?	...geldiğimizde beni uyarır mısınız?
	...geldi:imizdeh beni ooy-aRuhR muhsuhnhuz?
Could you stop at the _____ next stop, please?	Bir sonraki durakta durur musunuz lütfen?
	biR sonRaki dooRakta dooRooR moosoonooz lewtfen?
Where are we now? _____	Neredeyiz?
	neRedeyiz?
Do I have to get off here? __	Burada mı inmem gerekiyor?
	booRada muh inmem geRekiyoR?
Have we already _____ passed...?	...geçtik mi?
	...gechtik mi?
How long have I been _____ asleep?	Ne kadar uyumuşum?
	neh kadaR ooy-oomooshoom?
How long does... _____ stop here?	...burada ne kadar kalacak?
	...booRada neh kadaR kalajak?
Can I come back on the _____ same ticket?	Bu bilet dönüşte de geçerli mi?
	boo bilet durnewshteh deh gecheRli mi?
Can I change on this _____ ticket?	Bu biletle aktarma yapabilir miyim?
	boo biletleh aktaRma yapabiliR miyim?
How long is this ticket _____ valid for?	Bu bilet ne zamana kadar geçerli?
	boo bilet neh zamana kadaR gecheRli?

.2 Questions to passengers

Ticket types

Birinci sınıf mı yoksa ikinci sınıf mı? _____	First or second class?
Tek gidiş mi yoksa gidiş dönüş mü? _____	Single or return?
Sigara içilir mi içilmez mi? _____	Smoking or nonsmoking?
Cam kenarına mı koridor _____ tarafına mı?	Window or aisle?
Ön tarafa mı yoksa arka tarafa mı? _____	Front or back?
Koltuk mu kuşet mi? _____	Seat or berth?
Üstte mi, ortada mı yoksa altta mı? _____	Top, middle or bottom?
Turistik sınıf mı yoksa birinci _____ sınıf mı?	Tourist class or business class?
Kamara mı yoksa koltuk mu? _____	Cabin or seat?
Tek kişilik mi yoksa iki kişilik mi? _____	Single or double?
Kaç kişisiniz? _____	How many are traveling?

.3 Tickets

Where can I...? _____	Nerede...?
	neRedeh...?
– buy a ticket? _____	Nerede bir bilet satın alabilirim?
	neRedeh biR bilet satuhn alabiliRim?
– make a reservation? _____	Nerede bir yer ayırtabilirim?
	neRedeh biR yeR a-yuhRtabiliRim?
– reserve a flight? _____	Nerede bir uçak bileti ayırtabilirim?
	neRedeh biR oochak bileti a-yuhRtabiliRim?
Could I have a...to..., _____ please?	... ...istiyorum
	... ...istiyoRoom

Destination

Nereye gidiyorsunuz? _____	Where are you traveling?
Ne zaman yola çıkacaksınız? _____	When are you leaving?
...saat...kalkıyor _____	Your...leaves at...
Aktarma yapmanız gerek _____	You have to change trains
...inmeniz gerek _____	You have to get off at...
...yoluyla seyahat etmeniz gerek _____	You have to travel via...
Gidiş... _____	The outward journey is on...
	The return journey is on...
Dönüş... _____	You have to be on board by...
En geç...binmiş olamanız gerekiyor _____	

Inside the vehicle

Biletiniz lütfen _____	Your ticket, please
Yer ayırdığınızı gösteren belge lütfen _____	Your reservation, please
Pasaportunuz lütfen _____	Your passport, please
Yanlış yere oturmuşsunuz _____	You're in the wrong seat
Yanlış ... binmişsiniz _____	You're on/in the wrong...
Bu yer ayırtılmıştır _____	This seat is reserved
Bir miktar ek olarak ödemeniz _____ gerekiyor	You'll have to pay an extra charge
... ...dakika rötarlı _____	The...has been delayed by...minutes

– a single _____	...tek gidiş istiyorum
	...*tek gidish istiyoRoom*
– a return _____	...gidiş dönüş istiyorum
	...*gidish durnewsh istiyoRoom*
first class _____	birinci sınıf
	biRinji suhnuhf
second class _____	ikinci sınıf
	ikinji suhnuhf
tourist class_____	turistik sınıf
	tooRistik suhnuhf
business class _____	Birinci sınıf
	biRinji suhnuhf
I'd like to reserve a _____ seat/berth/cabin	Bir koltuk/kuşet/kamara ayırtmak istiyorum
	biR koltook/kooshet/kamaRa a-yuhRtmak istiyoRoom
I'd like to reserve a berth __ in the sleeping car	Kuşetli bir yer ayırtmak istiyorum
	kooshetli biR yeR a-yuhRtmak istiyoRoom
top/middle/bottom _____	üst/orta/alt
	ewst/oRta/alt
smoking/no smoking _____	sigara içilir/içilmez
	sigaRa ichiliR/ichilmez
by the window _____	cam kenarına
	jam kenaRuhna
single/double _____	tek kişilik/iki kişilik
	tek kishilik/iki kishilik

Public transportation

6

at the front/back	ön tarafta/arka tarafta
	urn taRafta/aRka taRafta
There are...of us	... kişiyiz
	... kishiyiz
a car	Bir araba ileyiz
	biR aRaba ileyiz
a trailer	Bir karavan ileyiz
	biR kaRavan ileyiz
...bicycles	...bisiklet ileyiz
	...bisiklet ileyiz
Do you also have...?	...var mı?
	...vaR muh?
– season tickets?	Abone biletiniz de var mı?
	aboneh biletiniz deh vaR muh?
– weekly tickets?	Haftalık abone biletiniz de var mı?
	haftaluhk aboneh biletiniz deh vaR muh?
– monthly season tickets?	Aylık abone biletiniz de var mı?
	íluhk aboneh biletiniz deh vaR muh?

6 .4 Information

Where's?	...nerede?
	...neRedeh?
Where's the information desk?	Danışma bürosu nerede?
	danuhshma bewRosoo neRedeh?
Where can I find a timetable?	Tren/otobüs tarifesi nerede?
	tRen/otobews taRifesi neRedeh?
Where's the...desk?	...gişesi nerede?
	...gishesi neRedeh
Do you have a city map with the bus/the subway routes on it?	şehrin otobüs/metro ağını gösteren bir haritanız var mı?
	sheHRin otobews/metRo a:uhnuh gursteRen biR haRitanuhz vaR muh?
Do you have a train/bus timetable?	Tren/otobüs tarifeniz var mı?
	tRen/otobews taRifeniz vaR muh?
I'd like to confirm/ cancel/change my reservation for/trip to...	...olan rezervasyonumu/yolculuğumu konfirme etmek/iptal etmek/değiştirmek istiyorum
	...olan rezeRvasyonoomoo/yoljooloo:oomoo konfriRmeh etmek/iptahl etmek/de:ishtiRmek istiyoRoom
Will I get my money back?	Paramı geri alabilir miyim?
	paRamuh geRi alabiliR miyim?
I want to go to... How do I get there? (What's the quickest way there?)	...gitmek istiyorum. (En çabuk) nasıl gidebilirim?
	...gitmek istiyoRoom. (en chabook) nasuhl gidebiliRim?
How much is a single/return to...?	...tek gidiş/gidiş dönüş ne kadar?
	...tek gidish/gidish durnewsh neh kadaR?
Do I have to pay extra?	Ek olarak bir şey ödemem gerekiyor mu?
	ek olaRak biR shey urdemem geRekiyoR moo?
Can I interrupt my journey with this ticket?	Bu biletle yolculuğuma ara verebilir miyim?
	boo biletleh yoljooloo:ooma aRa veRebiliR miyim?
How much luggage am I allowed?	Yanıma ne kadar bagaj alabilirim?
	yanuhma neh kadaR bagazh alabiliRim?
Can I send my luggage in advance?	Bagajlarımı önceden gönderebilir miyim?
	bagazhlaRuhmuh urnjeden gurndeRebiliR miyim?

Public transportation

Does this...travel direct? ___ Bu...dosdoğru mu gidiyor?
boo...dosdo:Roo moo gidiyoR?

Do I have to change? ___ Aktarma yapmam gerekiyor mu? Nerede?
Where? *aktaRma yapmam geRekiyoR moo? neRedeh?*

Will there be any ___ Uçak aktarmalı uçuş mu yapıyor?
stopovers? *oochak aktaRmaluh oochoosh moo yapuhyoR?*

Does the boat stop at ___ Bu vapur yolculuk sırasında başka limanlara da
any ports on the way? uğruyor mu?
*boo vapooR yoljoolook suhRasuhnda bashka
limanlaRa da oo:RooyoR moo?*

Does the train/ ___ Bu tren/otobüs...duruyor mu?
bus stop at...? *boo tRen/otobews...dooRooyoR moo?*

Where should I get off? ___ Nerede inmem gerekiyor?
neRedeh inmem geRekiyoR?

Is there a connection ___ ...giden araca hemen aktarma yapmam
to...? mümkün mü?
*...giden aRaja hemen aktaRma yapmam
mewmkewn mew?*

How long do I have to ___ Ne kadar beklemem gerekiyor?
wait? *neh kadaR beklemem geRekiyoR?*

When does...leave? ___ ...ne zaman kalkıyor?
...neh zaman kalkuhyoR?

What time does the ___ İlk/bir sonraki/en son...saat kaçta kalkıyor?
first/next/last...leave? *ilk/biR sonRaki/en son...saht kachta kalkuhyoR?*

How long does...take? ___ Yolculuk kaç saat sürüyor?
yoljoolook kach saht sewRew-yoR?

What time does...arrive ___ ...saat kaçta...varıyor?
in...? *...saht kachta...vaRuh-yoR?*

Where does the...to... ___ ...giden...nereden kalkıyor?
leave from? *...giden...neReden kalkuh-yoR?*

Is this...to...? ___ ...giden...bu mu?
...giden...boo muh?

.5 **A**irplanes

● **At arrival at a Turkish airport** (*havaalanı*), you will find the
following signs:

geliş	iç hatlar	dış hatlar
arrivals	domestic flights	international
gidiş		
departures		

Public transportation

.6 Trains

● **If you prefer** train to bus, be sure to choose the express trains (*mavi tren*, *ekspres*, or *mototren*). Avoid the 'passenger' (*yolcu*) or mail (*posta*) trains, as these can be astonishingly slow.
When reading timetables, remember that the station name, not the city name, will generally be used. If in doubt, ask.

.7 Taxis

● **The regular taxis** are not the only option. Ask about the *dolmuş* service. These follow a pre-set route, but can be flagged down (or will allow you to get off) at any point on the way. They are either minibuses or big old cars, and have a distinctive yellow stripe.
If you do take a regular taxi, just be sure the driver starts his meter as you get in. If he forgets, remind him (*'Taksimetreyi açar mısınız'*). It may save a lot of argument later. The Turks themselves do not normally expect to tip taxi drivers, and you are quite within your rights to refuse. However, since foreign travelers do so often offer tips, you could volunteer one if you wished. Don't feel coerced, though.

boş	dolu	taksi durağı
for hire	taken	taxi stand

Taxi! _____	Taksi! *taksi!*
Could you get me a taxi, ___ please?	Benim için bir taksi çağırabilir misiniz? *benim ichin biR taksi cha:uhRabiliR misiniz?*
Where can I find a taxi_____ around here?	Bu civarda nerede bir taksi bulabilirim? *boo jivaRda neRedeh biR taksi boolabiliRim?*
Could you take me to..., ___ please?	Beni...götürün lütfen *beni...gurtewRewn lewtfen*
– this address _____	Beni bu adrese götürün lütfen *beni boo adReseh gurtewRewn lewtfen*
– the...hotel _____	Beni...oteline götürün lütfen *beni...otelineh gurtewRewn lewtfen*
– the town/center of _____ the city	Beni şehir merkezine götürün lütfen *beni shehiR meRkezineh gurtewRewn lewtfen*
– the station _____	Beni istasyona götürün lütfen *beni istas-yona gurtewRewn lewtfen*
– the airport _____	Beni havaalanına götürün lütfen *beni hava-alanuhna gurtewRewn lewtfen*
How much is the _____ trip to...?	...gitmek ne kadar tutar? *...gitmek neh kadaR tootaR?*
How far is it to...? _____	...kaç kilometre? *...kach kilometReh?*
Could you turn on the _____ meter, please?	Taksimetreyi açar mısınız lütfen? *taksimetReyi achaR muhsuhnuhz lewtfen?*
I'm in a hurry _____	Acelem var *ajelem vaR*
Could you speed up/ _____ slow down a little?	Daha hızlı/yavaş gidebilir misiniz? *da-ha huhzluh/yavash gidebiliR misiniz?*

Could you take a different route?	Başka bir yoldan gidebilir misiniz?
	bashka biR yoldan gidebiliR misiniz?
I'd like to get out here, please	Beni burada indirin, lütfen
	beni booRada indiRin lewtfen
You have to go...here	Buradan...gidin/dönün
	booRadan...gidin/durnewn
You have to go straight here	Buradan doğru gidin
	booRadan do:Roo gidin
You have to turn left here	Buradan sola dönün
	booRadan sola durnewn
You have to turn right here.	Buradan sağa dönün
	booRadan sa:a durnewn
This is it	Burası
	booRasuh
Could you wait a minute for me, please?	Bir saniye bekler misiniz?
	*biR **sah**niyeh bekleR misiniz?*

Overnight accommodation

Overnight accommodation

7.1 General

● **There is a five star rating system** for hotels, with luxury hotels exactly the same as in any other country. Two or three star hotels can provide all the facilities expected by most European travelers, and offer a more than adequate standard of comfort.

Prices can be very reasonable indeed.

If you have enough money to spare, ask for information about hotels in former Ottoman mansions. They can be outstanding for their exotic atmosphere, and can be a memorable part of your stay. By Turkish standards they are not cheap, however. For those who need to be careful with money, a bed-and-breakfast *pansiyon* will offer a perfectly adequate place to stay. Even cheaper (but not very attractive) accommodation can be found in a hostel (*yurt*) or student hostel (***öğrenci yurdu***).

There are also campsites (with varying facilities) but mostly these are located in the major tourist areas.

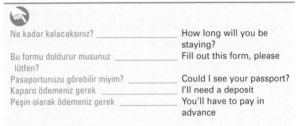

Ne kadar kalacaksınız? _____	How long will you be staying?
Bu formu doldurur musunuz lütfen? _____	Fill out this form, please
Pasaportunuzu görebilir miyim? _____	Could I see your passport?
Kaparo ödemeniz gerek _____	I'll need a deposit
Peşin olarak ödemeniz gerek _____	You'll have to pay in advance

My name's...I've made a reservation over the phone/by mail _____	Adım...(telefonla/yazılı olarak) yer ayırtmıştım *aduhm...(telefonla/yazuhluh olaRak) yeR a-yuhRtmuhshtuhm*
How much is it per night/week/ month? _____	Bir geceliği/haftalığı/aylığı ne kadar? *biR gejeli:i/haftaluh:uh/iluh:uh neh kadaR?*
We'll be staying at least...nights/weeks _____	En az...gece/hafta kalacağız *en az...gejeh/hafta kalaja:uhz*
We don't know yet _____	Tam olarak bilmiyoruz *tam olaRak bilmiyoRooz*
Do you allow pets (cats/dogs)? _____	Ev hayvanlarını (kedi/köpek) kabul ediyor musunuz? *ev hívanlaRuhnuh (kedi/kurpek) kabool ediyoR moosoonooz?*
What time does the gate/door open/close? _____	Demir parmaklık/kapı saat kaçta açılıyor/kapanıyor? *demiR paRmakluhk/kapuh saht kachta achuhluhyoR/kapanuhyoR?*
Could you get me a taxi, please? _____	Benim için bir taksi çağırır mısınız? *benim ichin biR taksi cha:uhRuhR muhsuhnuhz?*
Is there any mail for me? _____	Bana posta var mı? *bana posta vaR muh?*

.2 Camping

See the diagram on page 67.

Yerinizi kendiniz seçebilirsiniz _____	You can pick your own site
Yeriniz gösterilecek _____	You'll be allocated a site
Yer numaranız bu _____	This is your site number
Bunu arabanıza yapıştırır mısınız? _____	Stick this on your car, please
Lütfen, bu kartı kaybetmeyiniz _____	Please don't lose this card

Where's the manager? _____ Yönetici nerede?
yurnetiji neRedeh?

Are we allowed to _____ Burada kamp kurabilir miyiz?
camp here? *booRada kamp kooRabiliR miyiz?*

There are...of us and _____ ...kişi ve...çadırlayız
...tents *...kishi veh...chaduhRla-yuhz*

Can we pick our _____ Çadır kurabileceğimiz yeri kendimiz seçebilir
own site? miyiz?
chaduhR kooRabileje:imiz yeRi kendimiz sechebiliR miyiz?

Do you have a quiet _____ Bizim için sakin bir yeriniz var mı?
spot for us? *bizim ichin **sak**in biR yeRiniz vaR muh?*

Do you have any other _____ Başka boş yeriniz yok mu?
sites available? *bashka bosh yeRiniz vaR muh?*

It's too windy/sunny/ _____ Burası çok rüzgarlı/güneşli/gölgeli
shady here. *booRasuh chok rewzgaRluh/gewneshli/gurlgeli*

It's too crowded here _____ Burası çok kalabalık
booRasuh chok kalabaluhk

The ground's too _____ Yer çok sert/pürüzlü
hard/uneven *yeR chok seRt/pewRewzlew*

Do you have a level _____ Minibüs/karavan/açılır kapanır karavan için düz
spot for the bir yeriniz var mı?
camper/trailer/folding *minibews/kaRavan/achuhluhR kapanuhR*
trailer? *kaRavan ichin dewz biR yeRiniz vaR muh?*

Could we have adjoining __ Yan yana iki yer alabilir miyiz?
sites? *yan yana iki yeR alabiliR miyiz?*

Can we park the car _____ Arabayı çadırın yanına park edebilir miyiz?
next to the tent? *aRaba-yuh chaduhRuhn yanuhna paRk edebiliR miyiz?*

How much is it per _____ Kişi/çadır/karavan/araba başına ne kadar tutar?
person/tent/trailer/car? *kishi/chaduhR/kaRavan/aRaba bashuhnuh neh kadaR tootaR?*

Are there any cabins for ___ Kiralık kulübeniz var mı?
rent? *kiRaluhk koolewbeniz vaR muh?*

Overnight accommodation

65

Camping equipment
(the diagram shows the numbered parts)

	luggage space	bagaj yeri	*bagazh yeRi*
	can opener	konserve açacağı	*konseRveh achaja:uh*
	butane gas bottle	tüp gaz	*tewp gaz*
1	pannier	bisiklet çantası	*bisiklet chantasuh*
2	gas cooker	tüp ocağı	*tewp oja:uh*
3	groundsheet	zemin örtüsü	*zemin urRtewsew*
	hammer	çekiç	*chekich*
	hammock	hamak	*hamak*
4	gas can	bidon	*bidon*
	campfire	kamp ateşi	*kamp ateshi*
5	folding chair	portatif sandalye	*poRtatif sandalyeh*
6	insulated picnic box	termos kutusu	*teRmos kootoosoo*
	ice pack	paket buz	*paket booz*
	compass	pusula	*poosoola*
	(incandescent) gas mantle	lamba gömleği	*lamba gurmle:i*
	corkscrew	tirbuşon	*tiRbooshon*
7	airbed	şişirme yatak	*shishiRmeh yatak*
8	airbed plug	şişirme yatak hava tıpası	*shishiRmeh yatak hava tuhpasuh*
	pump	pompa	*pompa*
9	awning	güneşlik	*gewneshlik*
10	mat	döşek	*durshek*
11	pan	tencere	*tenjeReh*
12	pan handle	kap kacak tutacağı	*kap kajak tootaja:uh*
	primus stove	parafin ocağı	*parafin oja:uh*
	zipper	fermuar	*feRmoo-aR*
13	backpack	sırt çantası	*suhRt chantasuh*
14	guy rope	germe ipi	*geRmeh ipi*
	sleeping bag	uyku tulumu	*ooykoo tooloomoo*
15	storm lantern	gemici feneri	*gemiji feneRi*
	camp bed	portatif kamp yatağı	*poRtatif kamp yata:uh*
	table	masa	*masa*
16	tent	çadır	*chaduhR*
17	tent peg	çadır kazığı	*chaduhR kazuh:uh*
18	tent pole	çadır direği	*chaduhR diRe:i*
	vacuum	termos	*teRmos*
19	water bottle	portatif su bidonu	*poRtatif soo bidonoo*
	clothespin	mandal	*mandal*
	clothesline	çamaşır ipi	*chamashuhR ipi*
	windbreak	rüzgarlık	*rewzgaRluhk*
20	flashlight	el feneri	*el feneRi*
	pocket knife	çakı	*chakuh*

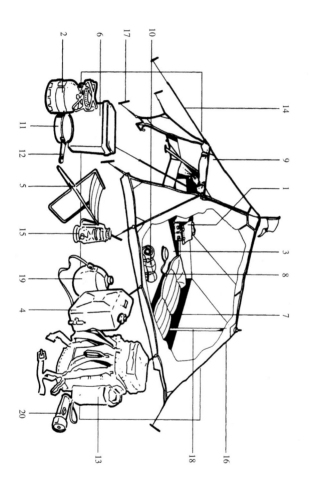

Are there any...?	...var mı?
	...vaR muh?
– hot showers?	Duşlar sıcak sulu mu?
	dooshlaR suhjak sooloo moo?
– washing machines?	Çamaşır makinesi var mı?
	chamashuhR makinesi vaR muh?
Is there a...on the site?	Bu arazide bir...var mı?
	boo aRahzideh biR...vaR muh?
Is there a children's play area on the site?	Bu arazide bir çocuk bahçesi var mı?
	boo aRahzideh biR chocook baHjesi vaR muh?
Are there covered cooking facilities on the site?	Bu arazide bir mutfak var mı?
	boo aRahzideh biR mootfak vaR muh?
Can I rent a safe here?	Burada bir kasa kiralayabilir miyim?
	booRada biR kasa kiRalayabiliR miyim?
Are we allowed to barbecue here?	Burada mangal yakabilir miyiz?
	booRada mangal yakabiliR miyiz?
Are there any power outlets?	Elektrik bağlantısı var mı?
	elektRik ba:lantuhsuh vaR muh?
Is there drinking water?	İçme suyu var mı?
	ichmeh soo-yoo vaR muh?
When's the garbage collected?	Çöp ne zaman alınıyor?
	churp neh zaman aluhnuhyoR?
Do you sell gas bottles (butane gas/propane gas)?	Tüp gaz (bütan/propan) satıyor musunuz?
	tewp gaz (bewtan/pRopan) satuhyoR moosoonooz?

.3 Hotel/B&B/apartment/holiday rental

Do you have a single/double room available?	Tek/iki kişilik boş odanız var mı?
	tek/iki kishilik bosh odanuhz vaR muh?
per person/per room	kişi başına/oda başına
	kishi bashuhna/oda bashuhna
Does that include breakfast/lunch/dinner?	Kahvaltı/öğle yemeği/akşam yemeği dahil mi?
	kaHvaltuh/ur:leh yeme:i/aksham yeme:i dah-hil mi?
Could we have two adjoining rooms?	Yanyana iki odanız var mı?
	yanyana iki odanuhz vaR muh?
with/without toilet/bath/shower	tuvaletli/tuvaletsiz/banyolu/banyosuz/duşlu/duşsuz
	too-aletli/too-aletsiz/banyoloo/banyosooz/dooshloo/dooshsooz
(not) facing the street	sokağa bakan (bakmayan)
	soka:a bakan (bakma-yan)
with/without a view of the sea	deniz manzaralı/deniz manzarası olmayan
	deniz manzaRaluh/deniz manzaRasuh olma-yan
Is there...in the hotel?	Otelde...var mı?
	oteldeh...vaR muh?
Is there an elevator in the hotel?	Otelde asansör var mı?
	oteldeh asansuR vaR muh?
Do you have room service?	Otelde oda servisi var mı?
	oteldeh oda seRvisi vaR muh?
Could I see the room?	Odayı görebilir miyim?
	odayuh gurRebilir miyim?

I'll take this room_____	Bu odayı tutuyorum
	boo odayuh tootooyoRoom
We don't like this one ____	Bunu beğenmedik
	boonoo be:enmedik
Do you have a larger/_____	Daha büyük/ucuz bir odanız var mı?
less expensive room?	*da-ha bew-yewk biR odanuhz vaR muh?*
Could you put in a cot? ____	Odaya bir çocuk karyolası yerleştirebilir misiniz?
	odaya biR chojook kaR-yolasuh yeRleshtiRebiliR misiniz?
What time's breakfast? ____	Kahvaltı saat kaçta?
	kaHvaltuh saht kachta?
Where's the dining _____	Yemek salonu ne tarafta?
room?	*yemek salonoo neh taRafta?*
Can I have breakfast_____	Kahvaltıyı odamda edebilir miyim?
in my room?	*kaHvaltuh odamda edebiliR miyim?*
Where's the emergency____	Acil çıkış/yangın merdiveni ne tarafta?
exit/fire escape?	***ah-jil** chuhkuhsh/yan-guhn meRdiveni neh taRafta?*
Where can I park my _____	Arabamı nereye emniyetle park edebilirim?
car (safely)?	*aRabamuh neReyeh emniyetleh paRk edebiliRim?*

Tuvalet ve duş aynı katta/odanızda _____	You can find the toilet and shower on the same floor/in the room
mevcut	
Bu taraftan lütfen_____	This way, please
Odanız...katta, oda numaranız... _____	Your room is on the...floor,

The key to room..., _____	...numaralı odanın anahtarı lütfen
please	*...noomaRuluh odanuhn anaHtaRuh lewtfen*
Could you put this in ____	Bunu emanete verebilir miyim?
the safe, please?	*boonoo ema**hnete**h veRebiliR miyim?*
Could you wake me _____	Beni yarın saat...uyandırır mısınız?
at...tomorrow?	*beni yaRuhn saht...ooy-anduhRuhR muhsuh-nuhz?*
Could you find a _____	Bana bir çocuk bakıcısı bulabilir misiniz?
babysitter for me?	*bana biR chojook bakuhjuhsuh boolabiliR misiniz?*
Could I have an extra_____	Fazladan bir battaniyeniz var mı?
blanket?	*fazladan biR bat-taniyeniz vaR muh?*
What days do the _____	Haftanın hangi günleri temizlik yapılıyor?
cleaners come in?	*haftanuhn hangi gewnleRi temizlik yapuhluhyoR?*
When are the sheets/_____	Çarşaflar/havlular/mutfak bezleri ne zaman değiştiriliyor?
towels/dish towels	*chaRshaflaR/havloolaR/mutfak bezleRi neh zaman de:ishtiRiliyoR?*
changed?	

7 .4 Complaints

We can't sleep because ____ of the noise	Gürültüden uyuyamıyoruz *gewRewltewden ooy-ooy-amuhyoRooz*
Could you turn the _____ radio down, please?	Radyonun sesini biraz kısar mısınız? *radyonun sesini biRaz kuhsaR muhsuhnuhz?*
We're out of toilet paper ____	Tuvalet kağıdı bitmiş *too-alet ka:uhduh bitmish*
There aren't any.../there's ____ not enough...	Hiç/yeterince...yok *hich/yeteRinjeh...yok*
The bed linen's dirty_____	Çarşaflar kirli *chaRshaflaR kiRli*
The room hasn't been ____ cleaned.	Oda temizlenmemiş *oda temizlenmemish*
The kitchen is not clean____	Mutfak temiz değil *mootfak temiz de:il*
The kitchen utensils are____ dirty	Mutfak eşyaları pis *mootfak eshyalaRuh pis*
The heater's not_____ working	Kalorifer çalışmıyor *kaloRifeR chaluhshmuhyoR*
There's no (hot) _____ water/electricity	(Sıcak) su akmıyor/elektrikler kesik *(suhjak) soo akmuh-yoR/elektRikleR kesik*
...is broken_____	...bozuk *...bozook*
Could you have that _____ seen to?	Onu yaptırabilir misiniz? *onoo yaptuhRabiliR misiniz?*
Could I have another _____ room/campsite?	Başka bir oda/çadır için başka bir yer istiyorum *bashka biR oda/chaduhR ichin bashka biR yeR istiyoRoom*
The bed creaks terribly ____	Yatak çok gıcırdıyor *yatak chok guhjuhRduhyoR*
The bed sags _____	Yatak çok çöküyor *yatak chok churkew-yoR*
There are bugs/insects____ in our room	Döşeğin altına koyabileceğim bir tahtanız var mı? *Durshe:in altuhna koyabileje:im bir taHtanuhz vaR muh?*
This place is full_____ of mosquitos	Burası sivrisinek dolu *booRasuh sivRisinek doloo*
– cockroaches_____	Burası hamam böceği dolu *booRasuh hamam burje:i doloo*

7 .5 Departure

See also 8.2 Settling the bill

I'm leaving tomorrow. _____ Could I pay my bill, please?	Yarın yola çıkıyorum. Hesabı ödeyebilir miyim? *yaRuhn yola chuhkuhyoRoom. hesabuh urdeyebiliR miyim?*
What time should we_____ check out?	...saat kaçta boşaltmamız gerek? *...saht kachta boshaltmamuhz geRek?*
Could I have my deposit/ ____ passport back, please?	Kaparoyu/pasaportumu geri verir misiniz? *kapaRo-yoo/pasapoRtoomoo geRi veRiR misiniz?*

Overnight accommodation

We're in a terrible hurry ___	Çok acelemiz var
	chok ajelemiz vaR
Could you forward _____ my mail to this address?	Bana gelen mektupları bu adrese yollayabilir misiniz?
	bana gelen mektooplaRuh boo adReseh yol-la-yabiliR misiniz?
Could we leave our_____ luggage here until we leave?	Yola çıkana kadar bavullarımızı buraya bırakabılır miyiz?
	yola chuhkana kadaR bavool-laRuhmuhzuh booRaya buhRakabiliR miyiz?
Thanks for your _____ hospitality	Misafirperverliğinize çok teşekkür ederim
	misahfiRpeRveRli:inizeh chok teshek-kewR edeRim

Money matters

Money matters

● **Before you travel** (or at the airport when you arrive), change just a
'survival' amount of US currency into TL, as you will probably get a
better rate at the high-street exchange offices. (These are, incidentally,
quicker and have fewer formalities than banks.) You should be given a
receipt. Keep all receipts carefully, as you could be asked to show
them at border crossings to justify purchases made in Turkey.
Banks – if you need them – are open from 8.30 or 9 through to 12 or
12.30, then from 1.30 to 5 or 5.30. They are closed on Saturdays.

.1 Banks and currency exchange offices

Where can I find a_____ bank/an exchange office around here?	Bu civarda nerede bir banka/kambiyo bürosu var? *boo jivaRda neRedeh biR banka/kambiyo bewRosoo vaR?*
Where can I cash this_____ traveler's check/giro check?	Bu seyahat/posta çekini nerede bozdurabilirim? *boo seya-hat/posta chekini neRedeh bozdooRabiliRim?*
Can I cash this...here? _____	Bu...burada bozdurabilir miyim? *boo...booRada bozdooRabiliR miyim?*
Can I withdraw money_____ on my credit card here?	Burada kredi kartıyla para çekebilir miyim? *booRada kRedi kaRtuhyla paRa chekebiliR miyim?*
What's the minimum/_____ maximum amount?	En az/en fazla ne kadar çekebilirim? *en az/en fazla neh kadaR chekebiliRim?*
Can I take out less_____ than that?	Bundan daha az para çekebilir miyim? *boondan da-ha az paRa chekebiliR miyim?*
I've had some money_____ transferred here. Has it arrived yet?	Adıma para transfer edilmişti. Geldi mi acaba? *aduhma paRa tRansfeR edilmishti. geldi mi ajaba?*
These are the details of ___ my bank in the US	Bunlar benim İngiltere'deki bankamın verileri *boonlaR benim ingilteRedeki bankamuhn veRileRi*
This is my bank/giro_____ number	Bu benim banka hesabımın/posta çeki hesabımın numarası *boo benim banka hesabuhmuhn/posta cheki hesabuhmuhn noomaRasuh*
I'd like to change_____ some money	Para bozdurmak istiyorum *paRa bozdooRmak istiyoRoom*
– dollars into..._____	...dola ... *...dolaR...*
What's the exchange _____ rate?	Günlük döviz kuru ne kadar? *gewnlewk durviz kooRoo neh kadaR?*
Could you give me _____ some small change with it?	Bir kısmını bozuk para olarak verebilir misiniz? *biR kuhsmuhnuh bozook paRa olaRak veRebiliR misiniz?*
This is not right_____	Bir yanlışlık olmalı *biR yanluhshluhk olmaluh*

Money matters

8

Burayı imzalayın_____	Sign here, please
Bunu doldurun _____	Fill this out, please
Pasaportunuzu görebilir miyim? _____	Could I see your passport, please?
Nüfus cüzdanınızı görebilir miyim? _____	Could I see some identification, please?
Posta çeki kartınızı görebilir miyim? _____	Could I see your girobank card, please?
Banka kartınızı görebilir miyim? _____	Could I see your bank card, please?

Money matters

8

8.2 Settling the bill

Could you put it on_____ my bill?	Hesabıma geçirebilir misiniz? *hesabuhma gechiRebiliR misiniz?*
Does this amount _____ include the tip?	(Bu hesaba) servis dahil mi? *(boo hesaba) seRvis **dah**-hil mi?*
Can I pay by...? _____	ile ödeyebilir miyim...? *ileh urdeyebiliR miyim...?*
Can I pay by credit card?___	Kredi kartı ile ödeyebilir miyim? *kRedi kaRtuh ileh urdeyebiliR miyim?*
Can I pay by traveler's _____ check?	Seyahat çeki ile ödeyebilir miyim? *seya-hat cheki ileh urdeyebiliR miyim?*
Can I pay with foreign _____ currency?	Döviz ile ödeyebilir miyim? *durviz ileh urdeyebiliR miyim?*
You've given me too _____ much/you haven't given me enough change	Paranın üstünü fazla/eksik verdiniz *paRanuhn ewstewnew fazla/eksik veRdiniz*
Could you check this _____ again, please?	Bunu bir daha hesaplar mısınız? *boonoo biR da-ha hesaplaR muhsuhnuhz?*
Could I have a receipt, _____ please?	Bana bir makbuz/fiş verebilir misiniz? *bana biR makbooz/fish veRebiliR misiniz?*
I don't have enough _____ money on me	Yanımda yeterince para yok *yanuhmda yeteRinjeh paRa yok*
This is for you _____	Buyurun, bu sizin *booyooRoon, boo sizin*
Keep the change _____	Paranın üstü kalsın *paRanuhn ewstew kalsuhn*

Kredi kartı/seyahat çeki/döviz kabul _____ etmiyoruz	We don't accept credit cards/traveler's checks/ foreign currency

Mail and telephone

Mail and telephone

9 .1 Mail

For giros, see 8 Money matters

● **Post offices** The central post offices in cities (PTTs) are open from 8 am till 8 pm, or even later, Monday to Saturday, and from 9 until 7 on Sundays. Smaller post offices are open for normal business hours. Postal services are comparable with those on offer throughout Europe. Delivery times are a little slower than in some countries, but are by no means the slowest in Europe.

havale money order	pul stamps	telgraf telegrams
paketler packages		

Where's...?	...nerede? *...neRedeh?*
Where's the post office?	Bu civarda nerede bir postane var? *boo jivaRda neRedeh biR postaneh vaR?*
Where's the main post office?	Merkez postane nerede? *meRkez postaneh neRedeh?*
Where's the mailbox?	Bu civarda nerede bir posta kutusu var? *boo jivaRda neRedeh biR posta kootoosoo vaR?*
Which counter should I go to...?	Hangi gişede...? *hangi gishedeh...?*
– to send a fax	Hangi gişede faks çektirebilirim? *hangi gishedeh faks chektiRebiliRim?*
– to change money	Hangi gişede para bozdurabilirim? *hangi gishedeh paRa bozdooRabiliRim?*
– to change giro checks	Hangi gişede posta çeki bozdurabilirim? *hangi gishedeh posta cheki bozdooRabiliRim?*
– for a Telegraph Money Order?	Hangi gişede havale çektirebilirim? *hangi gishedeh havaleh chektiRebiliRim?*
General delivery	Postrestant *postRestant*
Is there any mail for me. My name's...	Bana posta var mı? Adım... *bana posta vaR muh? aduhm...*

Stamps

What's the postage for a...to...?	...gidecek...için kaç liralık posta pulu yapıştırmam gerek? *...gidejek...ichin kach liRaluhk posta pooloo yapuhshtuhRmam geRek?*
Are there enough stamps on it?	Yeterince pul yapıştırmış mıyım? *yeteRinjeh pool yapuhshtuhRmuhsh muhyuhm?*
I'd like... ...Lira stamps	...liralık...tane posta pulu istiyorum *...liRaluhk...taneh posta pooloo istiyoRoom*
I'd like to send this...	Bunu...yollamak istiyorum *boono...yol-lamak istiyoRoom*

76

– express _____	Bunu acele posta servisi ile yollamak istiyorum
	boonoo ahjeleh posta seRvisi ileh yol-lamak istiyoRoom
– by air mail _____	Bunu uçak ile yollamak istiyorum
	boonoo oochak ileh yol-lamak istiyoRoom
– by registered mail _____	Bunu iadeli taahhütlü yollamak istiyorum
	*boonoo i-**ahd**eli **tah**-hewtlew yol-lamak istiyoRoom*

Telegram / fax

I'd like to send a _____	...telgraf çekmek istiyorum
telegram to...	*...telegRaf chekmek istiyoRoom*
How much is that _____	Kelimesi kaç lira?
per word?	*kelimesi kach liRa?*
This is the text I want_____	Bu yollamak istediğim metin
to send	*boo yol-lamak istedi:im metin*
Shall I fill out the form_____	Formu kendim doldurayım mı?
myself?	*foRmoo kendim doldooRa-yuhm muh?*
Can I make photocopies/___	Burada fotokopi/faks çekebilir miyim?
send a fax here?	*booRada fotokopi/faks chekebiliR miyim?*
How much is it_____	Sayfası kaç lira?
per page?	*sifasuh kach liRa?*

 .2 Telephone

See also 1.8 Telephone alphabet

● **The PTTs have public phones** as well as postal facilities.
These may be better for international calls than the phone-booths in
the street. Public telephones do not take coins but tokens (jetons)
available from the PTT. Particularly for long-distance or international
calls, it is far easier to buy a phonecard (also from the PTT).
As in most countries, dial 00 1 for the US, followed by the
area code.

Is there a phone booth ____	Bu civarda bir telefon kulübesi var mı?
around here?	*boo jivaRda biR telefon koolewbesi vaR muh?*
Could I use your _____	Telefonunuzu kullanabilir miyim?
phone, please?	*telefonoonoozoo kul-lanabiliR miyim?*
Do you have a _____	Sizde (şehrinin/yöresinin)...telefon rehberi var mı?
(city/region)...phone	*sizdeh (şeHrinin/yurResinin)...telefon reHbeRi*
directory?	*vaR muh?*
Where can I get a _____	Nereden telefon kartı satın alabilirim?
phone card?	*neReden telefon kaRtuh satuhn alabiliRim?*
Could you give me...? _____	...verir misiniz?
	...veRiR misiniz?
– the number for _____	Bana yurt dışı istihbarat numarasını verir
international directory	misiniz?
assistance	*bana yooRt duhshuh istiHbaRat*
	noomaRasuhnuh veRiR misiniz?
– the number of room... ___	...numaralı odanın telefon numarasını verir
	misiniz?
	...noomaRaluh odanuh telefon noomaRasuhnuh
	veRiR misiniz?

9

– the international _____ access code	Bana yurt dışı arama kodunu verir misiniz? *bana yooRt duhshshuh aRama kodonoo veRiR misiniz?*
– the country code for... ____	...ülke kod numarasını verir misiniz? *...ewlkeh kod noomaRasuhnuh veRiR misiniz?*
– the area code for... _____	...şehir kod numarasını verir misiniz? *...shehiR kod noomaRasuhnuh veRiR misiniz?*
– the number of... _____	...telefon numarasını verir misiniz? *...telefon noomaRasuhnuh veRiR misiniz?*
Could you check if this ____ number's correct?	Bu numaranın doğru mu yanlış mı olduğunu soruşturabilir misiniz? *boo noomaRanuhn do:Roo moo yanluhsh muh oldoo:oonoo soRooshtooRabiliR misiniz?*
Can I dial international_____ direct?	Yurt dışına otomatik olarak telefon açabilir miyim? *yooRt duhshuhna otomatik olaRak telefon achabiliR miyim?*
Do I have to go through ___ the switchboard?	Santral aracılığı ile mi aramam gerek? *santral aRajuhluh:uh ileh mi aRamam geRek?*
Do I have to dial '0' first? __	Önce sıfırı mı çevirmem gerekiyor? *urne suhfuhRuh muh cheviRmem geRekiyoR?*
Do I have to reserve _____ my calls?	Numarayı bağlatmam mı gerekiyor? *noomaRa-yuh ba:latmam muh geRekiyoR?*
Could you dial this _____ number for me, please?	Benim için bu numarayı arar mısınız? *benim ichin boo noomaRa-yuh aRaR muhsuh- nuhz?*

Could you put me _____
  through to.../extension...,
  please?
	Beni...numara/... numaralı hat ile bağlayabilir
	misiniz?
	*beni...noomaRa/...noomaRaluh hat ileh ba:la-
	yabiliR misiniz?*

I'd like to place a _____ collect call to...	...numarayı ödemeli olarak aramak istiyorum *...noomaRa-yuh urdemeli olaRak aRamak istiyoRoom*
What's the charge per ____ minute?	Dakikası kaç lira? *dakikasuh kach liRa?*
Have there been any _____ calls for me?	Beni arayan oldu mu? *beni aRa-yan oldoo moo?*

The conversation

Hello, this is... _____	İyi günler, ...ile görüşüyorsunuz *iyi gewnleR, ...ileh gurRewshew-yoRsoonooz*
Who is this, please? _____	Kiminle görüşüyorum? *kiminleh gurRewshew-yoRoom?*
Is this...? _____	... ile mi görüşüyorum? *... ileh mi gurRewshew-yoRoom?*
I'm sorry, I've dialed_____ the wrong number	Özür dilerim, yanlış numarayı çevirmişim *urzewR dileRim, yanluhsh noomaRa-yuh cheviRmishim*
I can't hear you _____	Sizi duyamıyorum *sizi dooy-amuhyoRoom*
I'd like to speak to... _____	...ile görüşmek istiyorum *...ileh gurRewshmek istiyoRoom*
Is there anybody _____ who speaks English?	İngilizce konuşmasını bilen biri var mı? *ingilizjeh konooshmahsuhnuh bilen biRi vaR muh?*
Extension..., please_____	...numaralı hattı bağlar mısınız? *...noomaRaluh hat-tuh ba:laR muhsuhnuhz?*

Could you ask him/her _____ to call me back?	Beni aramasını söyler misiniz?
My name's...	*beni aRamasuhnuh suhyleR misiniz?*
My number's...	Adım...Telefon numaram...
Could you tell him/her _____ I called?	*aduhm...telefon noomaRa ...*
I'll call back tomorrow _____	Aradığımı kendisine iletir misiniz?
	aRaduh:uhmuh kendisineh iletiR misiniz?
	Kendisini yarın tekrar ararım
	kendisini yaRuhn tekRaR aRaRuhm

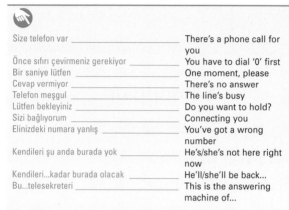

Size telefon var _____	There's a phone call for you
Önce sıfırı çevirmeniz gerekiyor _____	You have to dial '0' first
Bir saniye lütfen _____	One moment, please
Cevap vermiyor _____	There's no answer
Telefon meşgul _____	The line's busy
Lütfen bekleyiniz _____	Do you want to hold?
Sizi bağlıyorum _____	Connecting you
Elinizdeki numara yanlış _____	You've got a wrong number
Kendileri şu anda burada yok _____	He's/she's not here right now
Kendileri...kadar burada olacak _____	He'll/she'll be back...
Bu...telesekreteri _____	This is the answering machine of...

Mail and telephone

9

79

Shopping

10

10 **S**hopping

● **Opening times:** Shops are open from 9 am to 7 pm or even later. Some shops (bakers and food shops) are open on Sunday mornings.

alış veriş merkezi	dükkan	mobilyacı
shopping center	shop	furniture shop
ayakkabı mağazası	eczane	müzikçi
shoe shop	pharmacy	music shop
ayakkabı tamircisi	elektrikli cihazlar	nalbur
cobbler	electrical appliances	hardware shop
baharatçı	fırın	oyuncakçı
herbalist	bakery	toy shop
bakkal	fotoğraf stüdyosu	parfümeri
grocer's shop	photographer's	cosmetics and perfume
baklavacı	studio	shop/department
baklava shop	gazete bayii	pasaj
balıkçı	newsagent	arcade
fishmonger	giyim mağazası	pastane
berber	clothes shop	cake shop
barber	gözlükçü	pazar
bijuteri	optician	market
jeweler	güzellik merkezi	postane
bisiklet tamircisi	beauty center	post office
bicycle repair shop	hediyelik eşya	saat tamircisi
büfe	gift shop	watch and clock repair
free-standing kiosk	kapalı çarşı	shop
selling newspapers,	covered market (in	şarküteri
cigarettes, milk and	Istanbul Grand Bazaar)	delicatessen
cold drinks	kasap	satış mağazası
butik	butcher	direct factory sales
boutique	kırtasiye	outlet
çay bahçesi	stationery shop	spor mağazası
tea garden	kitabevi	sports shop
çiçekçi	book shop	süpermarket
florist	kuaför	supermarket
çömlekçi	hairdresser	tekel
shop selling	kürk mağazası	liquor store, wine shop
(earthenware) pots	furrier	terzi
deri giyim mağazası	kuru temizleme	tailor (either gentlemen
leather-wear shop	dry cleaner	or ladies)
dondurmacı	manav	
ice cream seller	greengrocer	

10 .1 **S**hopping conversations

Where can I get...? _____	Hangi dükkandan...satın alabilirim?
	hangi dewk-kahn-dan satuhn alabiliRim?
When does this shop _____ open?	Bu dükkan saat kaçta açılıyor?
	boo dewk-kahn saht kachta achuhluhyoR?
Could you tell me _____ where the...department is?	Bana...reyonunu gösterebilir misiniz?
	bana...reyonoonoo gursterebiliR misiniz?
Could you help me, _____ please? I'm looking for...	Bana yardım edebilir misiniz?...arıyorum
	bana yaRduhm edebiliR misiniz?...aRuhyoRoom

Do you sell English/ _____
   American newspapers?

İngiliz ve Amerikan gazetesi satıyor musunuz?
ingilizj ve ameRikan gazetesi satuhyoR
moosoonooz?

Size yardımcı olan var mı? _____ Are you being served?

No, I'd like... _____
   İm just looking, _____
   if that's all right

Hayır...istiyordum
ha-yuhR...istiyoRdoom
Mahsuru yoksa sadece bakıyorum
maHsooRoo yoksa sadejeh bakuhyoRoom

Başka bir şey ister miydiniz? _____ Anything else?

Yes, I'd also like... _____
No, thank you. That's all ___
Could you show me...? ___
I'd prefer... _____

This is not what I'm _____
   looking for
Thank you. I'll keep_____
   looking

Do you have _____
   something...?
 – less expensive? _____
 – something smaller? _____
 – something larger? _____

I'll take this one _____

Does it come with _____
   instructions?
It's too expensive _____
I'll give you... _____
Could you keep this for ___
   me? I'll come back for it
   later

Evet, bana...verin
evet...bana veRin
Hayır, teşekkür ederim. Bu kadar
ha-yuhr, teshek-kewR edeRim. boo kadaR
Bana...gösterebilir misiniz?
bana...gursteRebiliR misiniz?
...tercih ediyorum
...teRji-h-ediyoRoom
Aradığım bu değil
aRaduh:uhm boo de:il
Teşekkür ederim. Birkaç yere daha bakacağım
teshek-kewR edeRim. biRkach yeReh da-ha
bakaja:uhm
Daha...bir şeyiniz yok mu?
da-ha...biR sheyiniz yok moo?
Daha ucuz bir şeyiniz yok mu?
da-ha oojooz biR sheyiniz yok moo?
Daha küçük bir şeyiniz yok mu?
da-ha kewchewk biR sheyiniz yok moo?
Daha büyük bir şeyiniz yok mu?
da-ha bew-yewk biR sheyiniz yok moo?
Bunu alıyorum
boonoo aluhyoRoom
İçinde kullanma talimatı var mı?
ichindeh kul-lanma talimatuh vaR muh?
Çok pahalı
chok pa-haluh
...liraya verirseniz, alırım
...liRa-ya veRiRseniz, aluhRm
Bunu benim için bir kenara ayırır mısınız? Biraz
sonra gelir alırım
boonoo benim ichin biR kenaRa a-yuhRuhR
muhsuhnuhz? biRaz sonRa geliR aluhRuhm

Have you got a bag _____ for me, please?	Naylon torbanız var mı?
	nilon toRbanuhz vaR muh?
Could you giftwrap _____ it, please?	Hediyelik kağıda sarar mısınız?
	hediyelik ka:uhda saRaR muhsuhnuhz?

Kusura bakmayın, elimizde yok _____	I'm sorry, we don't have that
Kusura bakmayın, sonuncusu da satıldı _____	I'm sorry, we're sold out
Kusura bakmayın,...gelecek _____	I'm sorry, that won't be in until...
Kasaya ödeyiniz _____	You can pay at the cash desk
Kredi kartı kabul etmiyoruz _____	We don't accept credit cards
Seyahat çeki kabul etmiyoruz _____	We don't accept traveler's checks
Döviz kabul etmiyoruz _____	We don't accept foreign currency

10 .2 Food

I'd like a hundred _____ grams of..., please	Yüz gram...istiyorum
	yewz gRam...istiyoRoom
– five hundred grams/ _____ half a kilo of...	Yarım kilo...istiyorum
	yaRuhm kilo istiyoRoom
– a kilo of... _____	Bir kilo...istiyorum
	biR kilo...istiyoRoom
Could you...it for me, _____ please?	Bunu benim için...?
	boonoo benim ichin...?
Could you slice it/ _____ chop it for me, please?	Bunu benim için dilimler/keser misiniz?
	boonoo benim ichin dilimleR/keseR misiniz?
Could you grate it _____ for me, please?	Bunu benim için rendeler misiniz?
	boonoo benim ichin rendeleR misiniz?
Can I order it? _____	Ismarlıyabilir miyim?
	uhsmaRluhyabiliR miyim?
I'll pick it up tomorrow/ _____ at...	Yarın/saat...gelir alırım
	yaRuhn/saht...geliR aluhRuhm
Can you eat/drink this? _____	Bu yiyecek/içecek mi?
	boo yiyejek/ichejek mi?
What's in it? _____	İçinde ne var?
	ichindeh neh vaR?

10 .3 Clothing and shoes

I saw something in the _____ window. Shall I point it out?	Vitrinde bir şey gördüm. Göstereyim mi?
	vitRindeh biR shey gurRdewm. gursteReyim mi?
I'd like something to _____ go with this	Buna uyan bir şey istiyorum
	boona ooyan biR shey istiyoRoom
Do you have shoes _____ to match this?	Bu renk ayakkabınız var mı?
	boo renk a-yak-kabuhnuhz vaR muh?
I'm a size...in the US _____	İngiltere'de...bedenim
	ingilteRedeh...bedenim

Shopping

Can I try this on? _____	Bunu deneyebilir miyim?
	boonoo deneyebiliR miyim?
Where's the fitting room? __	Kabin nerede?
	kabin neRedeh?
It doesn't fit _____	Olmadı
	olmaduh
This is the right size _____	Bu beden iyi
	boo beden iyi
It doesn't suit me_____	Yakışmadı
	yakuhshmaduh
Do you have this/ _____	Bunun...rengi var mı?
these in...?	*boonoon...rengi vaR muh?*
The heel's too high/low ____	Topuğu çok yüksek/alçak
	topoo:oo chok yewksek/alchak
Is this/are these _____	Bu/bunlar hakiki deri mi?
genuine leather?	*boo/boonlaR hakiki deRi mi?*
I'm looking for a... _____	...yaşındaki bebek/çocuk için...arıyorum
for a...-year-old baby/child	*...yashuhndahki bebek/chojook ichin...aRuhyoRoom*
I'd like a... ... _____	...bir...istiyorum
	biR...istiyoRoom
– silk _____	İpekten bir...istiyorum
	ipekten biR...istiyoRoom
– cotton _____	Pamuklu bir...istiyorum
	pamookloo bi ...istiyoRoom
– woolen _____	Yün bir...istiyorum
	yewn biR...istiyoRoom
– linen _____	Keten bir...istiyorum
	keten biR...istiyoRoom
What temperature_____	Bunu kaç derecede yıkayabilirim?
can I wash it at?	*boonoo kach deRejedeh yuhka-yabiliRim?*
Will it shrink in the _____	Yıkandığında çeker mi?
wash?	*yuhkanduh:uhnda chekeR mi?*

ýtülemeyin	Islak asın	Elde yıkayın
Do not iron	**Drip dry**	**Hand wash**
Sıkmayın	Kuru temizleme	Makinede yıkanır
Do not spin dry	**Dry clean**	**Machine wash**

At the cobbler

Could you mend _____	Bu ayakkabıları tamir edebilir misiniz?
these shoes?	*boo a-yak-kabuhlaRuh tahmiR edebiliR misiniz?*
Could you put new _____	Köseleyi/topukları yenileyebilir misiniz?
soles/heels on these?	*kursheleyi/topooklaRuh yenileyebiliR misiniz?*
When will they be _____	Ne zaman hazır olurlar?
ready?	*neh zaman hazuhR olooRlaR?*
I'd like..., please _____	...istiyorum
	...istiyoRoom
– a can of shoe polish _____	Bir kutu ayakkabı boyası istiyorum
	biR kootoo ayuhk-kabuhsuh boyasuh istiyoRoom
– a pair of shoelaces_____	Bir çift ayakkabı bağı istiyorum
	biR chift ayak-kabuh ba:uh istiyoRoom

I'd like a film for this_____ camera, please	Bu makine için bir film istiyorum
	boo makineh ichin biR film istiyoRoom
– a cartridge _____	Bu makine için bir kaset film istiyorum
	boo makineh ichin biR kaset film istiyoRoom
– a 126 cartridge _____	Bu makine için yüz yirmi altılık bir kaset film istiyorum
	boo makineh ichin yewz yiRmi altuhluhk biR kaset film istiyoRoom
– a slide film _____	Bu makine için bir slayt istiyorum
	boo makineh ichin biR slit istiyoRoom
– a film cartridge _____	Bu makine için film kaseti istiyorum
	boo makineh ichin film kaseti istiyoRoom
– a videotape _____	Video kaseti istiyorum
	video kaseti istiyoRoom
color/black and white_____	renkli/siyah beyaz
	renkli/siyaH beyaz
super eight _____	süper sekiz
	sewpeR sekiz
12/24/36 exposures _____	on iki/yirmi dört/otuz altı pozluk
	on iki/yiRmi duRt/otooz altuh pozlook
ASA/DIN number_____	ASA/DIN sayısı
	asa/din sa-yuhsuh
a roll of daylight film _____	doğal ışık için film
	do:al uhshuhk ichin film
film for artificial light _____	yapay ışık için film
	yapí uhshuhk ichin film

Problems

Could you load the _____ film for me, please?	Filmi makineye takar mısınız?
	filmi makineyeh takaR muhsuhnuhz?
Could you take the film ____ out for me, please?	Filmi makineden çıkarır mısınız?
	filmi makineden chuhkaRuhR muhsuhnuhz?
Should I replace_____ the batteries?	Pilleri değiştirmem gerekir mi?
	pil-leRi de:ishtiRmem geRekiR mi?
Could you have a look_____ at my camera, please? It's not working	Makineme bir bakar mısınız? Çalışmıyor
	makinemeh biR bakaR muhsuhnuhz? chaluhshmuhyoR
The...is broken _____	...bozuk
	...bozook
The film's jammed _____	Film takılmış
	film takuhlmuhsh
The film's broken_____	Film yırtılmış
	film yuhRtuhlmuhsh
The flash isn't working ____	Flaş çalışmıyor
	flash chaluhshmuhyoR

Shopping

10

Processing and prints

I'd like to have this film ____ developed/printed, please	Bu filmi banyo ettirmek/bastırmak istiyorum *boo filmi banyo et-tiRmek/bastuhRmak istiyoRoom*
I'd like...prints from _____ each negative	Her negatiften...baskı istiyorum *heR negatiften...baskuh istiyoRoom*
glossy/matte _____	parlak/mat *paRlak/mat*
6x9 _____	altı çarpı dokuz *altuh chaRpuh dokooz*
I'd like to reorder _____ these photos	Bu fotoğrafları çoğalttırmak istiyorum *boo foto:Raflaruh cho:alt-tuhRmak istiyoRoom*
I'd like to have this _____ photo enlarged	Bu fotoğrafı büyüttürmek istiyorum *boo foto:Rafuh bew-yewt-tewRmek istiyoRoom*
How much is _____ processing?	Banyo ettirmek ne kadar tutar? *banyo et-tiRmek neh kadaR tootaR?*
– printing _____	Fotoğrafları bastırmak ne kadar tutar? *foto:RaflaRuh bastuhRmak neh kadaR tootaR?*
– it to reorder _____	Fotoğrafları çoğalttırmak ne kadar tutar? *foto:RaflaRuh cho:alt-tuhRmak neh kadaR tootaR?*
– the enlargement _____	Fotoğrafları büyüttürmek ne kadar tutar? *foto:RaflaRuh bew-yewt-tewRmek neh kadaR tootaR?*
When will they _____ be ready?	Ne zaman hazır olurlar? *neh zaman hazuhR olooRlaR?*

10 .5 At the hairdresser's

Do I have to make an _____ appointment?	Randevu almam gerekiyor mu? *randevoo almam geRekiyoR moo?*
Can I come in right _____ now?	Bana şimdi yardımcı olabilir misiniz? *bana shimdi yaRduhmjuh olabiliR misiniz?*
How long will I have _____ to wait?	Ne kadar beklemem gerekiyor? *neh kadaR beklemem geRekiyoR?*
I'd like a shampoo/ _____ haircut	Saçımı yıkatmak/kestirmek istiyorum *sachumuh yuhkatmak/kestiRmek istiyoRoom*
I'd like a shampoo for _____ oily/dry hair, please	Yağlı/kuru saç için şampuan istiyorum *ya:luh/kooRoo sach ichin shampooan istiyoRoom*
– an anti-dandruff _____ shampoo	Kepekli saç için şampuan istiyorum *kepekli sach ichin shampooan istiyoRoom*
– a shampoo for_____ permed/colored hair	Permalı saç/boyalı saç için şampuan istiyorum *peRmaluh sach/boy-aluh sach ichin shampooan istiyoRoom*
– a color rinse shampoo ___	Boyalı şampuan istiyorum *boy-aluh shampooan istiyoRoom*
– a shampoo with _____ conditioner	Kremli şampuan istiyorum *kRemli shampooan istiyoRoom*
– highlights _____	Saçlarıma röfle yaptırmak istiyorum *sachlaRuhma rurfleh yaptuhRmak istiyoRoom*
Do you have a color _____ chart, please?	Renk kataloğunuz var mı? *renk katalo:oonooz vaR muh?*

Shopping

86

I want to keep it the _____ same color	Saçımın aynı renk kalmasını istiyorum *sachuhmuhn ínuh renk kalmasuhnuh istiyoRoom*
I'd like it darker/lighter _____	Saçımın daha koyu/açık olmasını istiyorum *sachuhmuhn da-ha koyoo/achuhk olmasuhnuh istiyoRoom*
I'd like/I don't want _____ hairspray	Saç spreyi istiyorum (istemiyorum) *sach spreyi istiyoRoom (istemiyoRoom)*
– gel_____	Saçıma jöle sürmenizi istiyorum (istemiyorum) *sachuhma zhurleh sewRmenizi istiyoRoom (istemiyoRoom)*
– lotion _____	Saçıma losyon sürmenizi istiyorum (istemiyorum) *sachuhma losyon sewRmenizi istiyoRoom (istemiyoRoom)*
I'd like short bangs _____	Kakülümün kısa olmasını istiyorum *kahkewlewmewn kuhsa olmasuhnuh istiyoRoom*
Not too short at the back __	Saçımın arkasından çok almayın *sachuhmuhn aRkasuhndan chok alma-yuhn*
Not too long here _____	Burasını çok uzun bırakmayın *booRasuhnuh chok oozoon buhRakma-yuhn*
I'd like/I don't want _____ (many) curls	(çok) dalgalı olsun (olmasın) *(chok) dalgaluh olsoon (olmasuhn)*
It needs a little/_____ a lot taken off	Saçımın çok az/saçımın kısa kesilmesi gerek *sachuhmuhn chok az/sachuhmuhn kuhsa kesilmesi geRek*
I want a completely _____ different style	Değişik bir model istiyorum *de:ishik biR model istiyoRoom*
I'd like it the same... _____	Saçımın...gibi olmasını istiyorum *sachuhmuhn...gibi olmasuhnuh istiyoRoom*
– as that lady's _____	Saçımın o bayanınki gibi olmasını istiyorum *sachuhmuhn o ba-yanuhnki gibi olmasuhnuh istiyoRoom*
– as in this photo_____	Saçımın bu resimdeki gibi olmasını istiyorum *sachuhmuhn boo resimdeki gibi olmasuhnuh istiyoRoom*
Could you put the _____ drier up/down a bit?	Saç kurutma makinesini açar/kısar mısınız? *sach kooRootma makinesini achaR/kuhsaR muhsuhnuhz?*
I'd like a facial_____	Yüzüme temizleyici maske yaptırmak istiyorum *yewzewme temizleyiji maskeh yaptuhRmak istiyoRoom*
– a manicure_____	Manikür yaptırmak istiyorum *manikewR yaptuhRmak istiyoRoom*
– a massage _____	Masaj yaptırmak istiyorum *masazh yaptuhRmak istiyoRoom*
Could you trim_____ my bangs?	Kakülümün ucundan alır mısınız? *kakewlewmewn oojoondan aluhR muhsuhnuhz?*
– my beard? _____	Sakalımın ucundan alır mısınız? *sakaluhmuhn oojoondan aluhR muhsuhnuhz?*
– my moustache? _____	Bıyığımın ucundan alır mısınız? *buhyuhmuhn oojoondan aluhR muhsuhnuhz?*

I'd like a shave, please_____	Sakal tıraşı lütfen
	sakal tuhRashuh lewtfen
I'd like a wet shave, _____ please	Tıraş olmak istiyorum
	tuhRash olmak istiyoRoom

Saçınızın nasıl kesilmesini isterdiniz? _____	How do you want it cut?
Hangi modeli isterdiniz? _____	What style did you have in mind?
Saçınızın hangi renge boyanmasını _____ isterdiniz?	What color did you want it?
Bu sıcaklık iyi mi? _____	Is the temperature all right for you?
Okuyacak bir şey ister misiniz? _____	Would you like something to read?
Bir şey içer misiniz? _____	Would you like a drink?
Nasıl, beğendiniz mi? _____	Is this what you had in mind?

Shopping

10

At the Tourist Information Center

11 At the Tourist Information Center

11 .1 Places of interest

Where's the Tourist Information, please?	Danışma bürosu nerede? *danuhshma bewRosoo neRedeh?*
Do you have a city map?	Sizde şehrin haritası var mı? *sizdeh sheHrin haRitasuh vaR muh?*
Could you give me some information about...?	Bana...hakkında bilgi verebilir misiniz? *bana...hak-kuhnda bilgi veRebiliR misiniz?*
How much is that?	Borcum ne kadar? *boRjum neh kadaR?*
What are the main places of interest?	Görülmeye değer ne var? *gurRewlmeyeh de:eR neh vaR?*
Could you point them out on the map?	Haritada gösterebilir misiniz? *haRitada gursteRebiliR misiniz?*
What do you recommend?	Ne tavsiye edersiniz? *neh tavsiyeh edeRsiniz?*
We'll be here for a few hours	Burada birkaç saat kalacağız *booRada biRkach saht kalaja:uhz*
– a day	Burada bir gün kalacağız *booRada biR gewn kalaja:uhz*
– a week	Burada bir hafta kalacağız *booRada biR hafta kalaja:uhz*
We're interested in...	...ilgimizi çekiyor *...ilgimizi chekiyoR*
Is there a scenic walk around the city?	Şehirde gezinti yapmak için güzel yerler var mı? *sheHiRdeh gezinti yapmak ichin gewzel yeRleR vaR muh?*
How long does it take?	Ne kadar sürer? *neh kadaR sewReR?*
Where does it start/end?	Başlangıç/bitiş noktası nerede? *bashlan-guhch/bitish noktasuh neRedeh?*
Are there any boat cruises here?	Burada gezi vapurları var mı? *booRada gezi vapooRlaRuh vaR muh?*
Where can we board?	Nereden binebiliriz? *neReden binebiliRiz?*
Are there any bus tours?	Otobüsle gezi turu var mı? *otobewsleh gezi tooRoo vaR muh?*
Where do we get on?	Nereden binebiliriz? *neReden binebiliRiz?*
Is there a guide who speaks English?	İngilizce konuşmasını bilen bir rehber var mı? *ingilizjeh konooshmasuhnuh bilen biR reHbeR vaR muh?*
What trips can we take around the area?	Çevrede ne gibi gezintiler yapmak mümkün? *chevRedeh neh gibi gezintileR yapmak mewmkewn?*
Are there any excursions?	Turistik geziler var mı? *tooRistik gezileR vaR muh?*
Where do they go to?	Nereye gezi var? *neReyeh gezi vaR?*
We'd like to go to...	... gitmek istiyoruz *... gitmek istiyoRooz*

At the Tourist Information Center

11

How long is the trip? _____	Gezi ne kadar sürer?
	gezi neh kadaR sewReR?
How long do we _____ stay in...?	...ne kadar kalacağız?
	...neh kadaR kalaja:uhz?
Are there any guided _____ tours?	Rehber eşliğinde gezileriniz var mı?
	reHbeR eshli:indeh gezileRiniz vaR muh?
How much free time_____ will we have there?	Gezmek için ne kadar zamanımız var?
	gezmek ichin neh kadaR zamanuhmuhz vaR?
We want to go hiking_____	Hiking yapmak istiyoruz
	híking yapmak istiyoRooz
Can we hire a guide? _____	Bir rehber kiralayabilir miyiz?
	biR reHbeR kiRala-yabiliR miyiz?
Can I reserve mountain _____ huts?	Dağ kulübesi ayırtabilir miyim?
	da: koolewbesi a-yuhRtabiliR miyim?
What time does... _____ open/close?	...saat kaçta açılıyor/kapanıyor?
	...saht kachta achuhluhyoR/kapanuhyoR
What days is...open/ _____ closed?	...haftanın hangi günleri açık/kapalı?
	...haftanuhn hangi gewnleRi achuhk/kapaluh?
What's the admission_____ price?	Giriş ücreti ne kadar?
	giRish ewchReti neh kadaR?
Is there a group _____ discount?	Gurup indirimi yapıyor musunuz?
	gooRoop indiRimi yapuhyoR moosoonooz?
Is there a child _____ discount?	Çocuklara indirim var mı?
	chojooklaRa indiRim vaR muh?
Is there a discount_____ for seniors?	Emeklilere indiriminiz var mı?
	emeklileReh indiRiminiz vaR muh?
Can I take (flash) _____ photos/can I film here?	Burada (flaşla) fotoğraf/film çekebilir miyim?
	booRada (flashla) foto:Raf/film chekebiliR miyim?
Do you have any _____ postcards of...?	üzerinde...olan kartpostal satıyor musunuz?
	ewzeRindeh...olan kaRtpostal satuhyoR moosoonooz?
Do you have an _____ English...?	İngilizce bir...var mı?
	ingilizjeh biR...vaR muh?
– an English catalogue?____	İngilizce bir kataloğunuz var mı?
	ingilizjeh biR katalo:oonooz vaR muh?
– an English program?_____	İngilizce bir programınız var mı?
	ingilizjeh biR pRogRamuhnuhz vaR muh?
– an English brochure? ____	İngilizce bir broşürünüz var mı?
	ingilizjeh biR bRoshewRewnewz vaR muh?

11.2 Going out

● **In Turkish theaters,** you will be shown to your seat by an attendant who will also (usually) give you a free leaflet about the play. You should offer a tip (maybe 5 or 10 percent of the ticket price)
Most films are dubbed into Turkish (Türkçe seslendirilmiş) but those which are subtitled will be advertised as alt yazılı or orijinali.

Do you have this _____ week's/month's entertainment guide?	Sizde bu haftanın/ayın etkinlik dergisi var mı? *sizdeh boo haftanuhn/í-uhn etkinlik deRgisi vaR muh?*
What's on tonight? _____	Bu akşam yapılacak ne var? *boo aksham yapulajak neh vaR?*
We want to go to... _____	...gitmek istiyoruz *...gitmek istiyoRooz*
Which films are _____ showing?	Hangi filmler gösteriliyor? *hangi filmleR gursteRiliyoR?*
What sort of film is that?___	Nasıl bir film? *nasuhl biR film?*
Suitable for the whole _____ family	her yaş için *heR yash ichin*
not suitable for_____ children under 16 years	16 yaşından küçükler giremez *16 yashuhndan kewchewkleR giRemez*
original version _____	orijinali *orizhinali*
subtitled _____	alt yazılı *alt yazuhluh*
dubbed _____	Türkçe seslendirilmiş *tewRkcheh seslendiRilmish*
Is it a continuous_____ showing?	Gösteri aralıksız mı? *gursteRi aRaluhksuhz muh?*
What's on at...? _____	...ne var? *...neh vaR?*
– the theater? _____	Tiyatroda ne var? *tiyatRoda neh vaR?*
– the concert hall?_____	Konser merkezinde ne var? *konseR meRkezindeh neh vaR?*
– the opera? _____	Operada ne var? *opeRada neh vaR?*
Where can I find a good ___ disco around here?	Bu civarda nerede iyi bir diskotek var? *boo jivaRda neRedeh iyi biR diskotek vaR?*
Is it members only? _____	Üye olmak şart mı? *ewyeh olmak shaRt muh?*
Where can I find a good ___ nightclub around here?	Bu civarda nerede iyi bir gece kulübü var? *boo jivaRda neRedeh iyi biR gejeh koolewbew vaR?*
Is it evening wear only? ___	Gece kıyafeti şart mı? *gejeh kuhyafeti shaRt muh?*
Should I/we dress up? _____	Gece kıyafeti isteniyor mu? *gejeh kuhyafeti isteniyoR moo?*
What time does the _____ show start?	Gösteri saat kaçta başlıyor? *gursteRi saht kachta bashluhyoR?*
When's the next soccer ____ match?	Bir sonraki futbol maçı ne zaman? *biR sonRaki footbol machuh neh zaman?*
Who's playing?_____	Maç hangi takımlar arasında? *mach hangi takuhmlaR aRasuhnda?*

Hangi gösteri için yer ayırtmak istiyorsunuz?	Which performance do you want to reserve for?
Ne tarafta oturmak isterdiniz?	Where would you like to sit?
Bilet kalmadı	Everything's sold out
Sadece ayakta yer var	It's standing room only
Sadece balkonda yer var	We've only got balcony seats left
Sadece galeride yer var	We've only got seats left in the gallery
Sadece salonda yer var	We've only got orchestra seats left
Sadece ön tarafta yer var	We've only got seats left at the front
Sadece arka tarafta yer var	We've only got seats left at the back
Kaç bilet istiyorsunuz?	How many seats would you like?
Biletleri saat...önce almanız gerekiyor	You'll have to pick up the tickets before...o'clock
Biletinizi görebilir miyim?	Tickets, please
Yeriniz burası	This is your seat
Yanlış yerde oturuyorsunuz	You're in the wrong seats

.3 Reserving tickets

Could you reserve some tickets for us?	Bizim için yer ayırabilir misiniz? *bizim ichin yeR a-yuhRabiliR misiniz?*
We'd like to reserve... seats/a table...	...yer/bir masa istiyoruz *...yeR/biR masa istiyoRooz*
– in the orchestra	Salonda...yer/bir masa istiyoruz *salonda...yeR/biR masa istiyoRooz*
– in the balcony	Balkonda...yer/bir masa istiyoruz *balkonda...yeR/biR masa istiyoRooz*
– box seats	Locada...yer istiyoruz *lojada...yeR istiyoRooz*
– a table at the front	Ön tarafta...bir masa istiyoruz *urn taRafta...biR masa istiyoRooz*
– in the middle	Ortada...bir masa istiyoruz *oRtada...biR masa istiyoRooz*
– at the back	Arka tarafta...bir masa istiyoruz *aRka taRafta...biR masa istiyoRooz*
Could I reserve...seats for the...o'clock performance?	Saat...gösteri için...bilet ayırtabilir miyim? *saht...gursteRi ichin...bilet a-yuhRtabiliR miyim?*
Are there any seats left for tonight?	Bu akşamki gösteri için biletiniz var mı? *boo akshamki gursteRi ichin biletiniz vaR muh?*
How much is a ticket?	Bir biletin fiyatı ne kadar? *biR biletin fiyatuh neh kadaR?*
When can I pick the tickets up?	Biletleri saat kaçta gelip alabilirim? *biletleRi saht kachta gelip alabiliRim?*
I've got a reservation	Yer ayırtmıştım *yeR a-yuhRtmuhshtuhm*
My name's...	Adım... *aduhm...*

At the Tourist Information Center

11

93

12

Sports

Sports

12 .1 Sporting questions

Where can we..._____ around here?	Burada nerede...? *booRada neRedeh...?*
Is there a..._____ around here?	Bu civarda bir...var mı? *boo jivaRda biR...vaR muh?*
Can I rent a...here? _____	Burada bir...kiralayabilir miyim? *booRada biR...kiRala-yabiliR miyim?*
Can I take...lessons? _____	...dersi alabilir miyim? *...deRsi alabiliR miyim?*
How much is that per_____ hour/per day/a turn?	Saati/günlüğü/bir kereliği ne kadar? *sahti/gewnlew:ew/biR keReli:i neh kadaR?*
Do I need a permit _____ for that?	Ruhsat gerekli mi? *ruHsat geRekli mi?*
Where can I get _____ the permit?	Bu ruhsatı nereden alabilirim? *boo ruHsat neReden alabiliRim?*

12 .2 By the waterfront

Is it a long way to _____ the sea still?	Denize daha çok uzak mı? *denizeh da-ha chok oozak muh?*
Is there a...around here? ___	Bu civarda bir...var mı? *boo jivaRda biR...vaR muh?*
– an outdoor/indoor/_____ public swimming pool	Bu civarda bir yüzme havuzu var mı? *boo jivaRda biR yewzmeh havoozoo vaR muh?*
– a sandy beach_____	Bu civarda bir kumsal var mı? *boo jivaRda biR koomsal vaR muh?*
– a nudist beach_____	Bu civarda bir çıplaklar plajı var mı? *boo jivaRda biR chuhplaklaR plazhuh vaR muh?*
– dock _____	Bu civarda bir yat limanı var mı? *boo jivaRda biR yat limanuh vaR muh?*
Are there any rocks_____ here?	Burası kayalık mı? *booRasuh ka-yaluhk da vaR muh?*
When's high/low tide? _____	Deniz ne zaman kabarıyor/alçalıyor? *deniz neh zaman kabaRuhyoR/alchaluhyoR?*
What's the water _____ temperature?	Su kaç derece? *soo kach deRejeh?*
Is it (very) deep here? _____	Burası (çok) derin mi? *booRasuh (chok) deRin mi?*
Can you stand here?_____	Burada ayakta durulabilir mi? *booRada a-yakta dooRoolabiliR mi?*
Is it safe to swim here? ____	Burada yüzmek (çocuklar için) tehlikeli değil mi? *booRada yewzmek (chojooklaR ichin) teHlikeli de:il mi?*
Are there any currents?____	Akıntı var mı? *akuhntuh vaR muh?*
Are there any rapids/_____ waterfalls in this river?	Bu nehrin hızlı akıntı yeri/şelalesi var mı? *boo neHRin huhzluh akuhntuhluh yeRi/shelalesi vaR muh?*
What does that flag/_____ buoy mean?	O bayrak/şamandıra ne anlamına geliyor? *o bírak/shamanduhRa neh anlamuhna geliyoR?*
Is there a life guard_____ on duty here?	Burada bir cankurtaran var mı? *booRada biR jankooRtaRan vaR muh?*

Are dogs allowed here?	Köpeklerin girmesi yasak mı?
	kurpekleRin giRmesi yasak muh?
Is camping on the beach allowed?	Plajda kamp kurmak yasak mı?
	plazhda kamp kooRmak yasak muh?
Are we allowed to build a fire here?	Burada ateş yakmak yasak mı?
	booRada atesh yakmak yasak muh?

Balık tutmak yasaktır	Sadece ruhsat ile	Tehlike
No fishing	Only with a permit	Danger
Balık tutulur	Sörf yapmak yasaktır	Yüzmek yasaktır
Fishing water	No surfing	No swimming

12 .3 In the snow

Can I take ski lessons here?	Burada kayak dersi alabilir miyim?
	booRada ka-yak deRsi alabiliR miyim?
for beginners/advanced	Yeni başlayanlar/(biraz) ilerlemiş olanlar
	yeni bashla-yanlaR/(biRaz) ileRlemish olanlaR
How large are the groups?	Guruplar kaç kişilik?
	gooRooplaR kach kishilik?
What language are the classes in?	Dersler hangi dilde veriliyor?
	deRsleR hangi dildeh veRiliyoR?
I'd like a lift pass, please	Bir kayak (telesiyej/teleferik) pasosu istiyorum
	biR ka-yak (telesiyezh/telefeRik) pasosoo istiyoRoom
Must I give you a passport photo?	Vesikalık fotoğraf gerekir.
	vesikaluhk foto:Raf geRekiR
Where can I have a passport photo taken?	Nerede vesikalık fotoğraf çektirebilirim?
	neRedeh vesikaluhk foto:raf chektiRebiliRim?
Where are the beginners' slopes?	Yeni başlayanlar için kayak pisti nerede?
	yeni bashla-yanlaR ichin ka-yak pisti neRedeh?
Are the...in operation?	...açık mı?
	...achuhk muh?
– the ski lifts	Teleferik açık mı?
	telefeRik achuhk muh?
– the chair lifts	Telesiyej açık mı?
	telesiyezh achuhk muh?

Sports

Sickness

13 **S**ickness

13.1 **C**all (get) the doctor

Could you call/get a _____ doctor quickly, please?	Hemen bir doktor çağırır mısınız lütfen? *hemen biR dokoR cha:uhRuhR muhsuhnuhz lewtfen?*
When does the doctor ____ have office hours?	Doktorun görüşme saatleri ne zaman? *doktoRoon gurRewshmeh sahtleRi neh zaman?*
When can the doctor _____ come?	Doktor ne zaman gelebilir? *doktoR neh zaman geliR?*
I'd like to make an_____ appointment to see the doctor	Benim için doktordan bir randevu alabilir misiniz? *benim ichin doktoRdan biR randevoo alabiliR misiniz?*
I've got an appointment ___ to see the doctor at...	Saat...doktorla randevum var *saht...doktoRla randevoom vaR*
Which doctor/pharmacist __ has night/weekend duty?	Hangi doktorun/eczanenin gece/hafta sonu nöbeti var? *hangi doktoRoon/ejzanenin gejeh/hafta sonoo nurbeti vaR?*

13.2 **P**atient's ailments

I don't feel well _____	Kendimi iyi hissetmiyorum *kendimi iyi his-setmiyoRoom*
I'm dizzy_____	Başım dönüyor *bashuhm durnew-yoR*
– ill_____	Hastayım *hasta-yuhm*
– sick _____	Midem bulanıyor *midem boolanuhyoR*
I've got a cold_____	Nezleyim *nezleyim*
It hurts here _____	Buram ağrıyor *booRam a:RuhyoR*
I've been throwing up _____	İstifrağ ettim *istifra: et-tim*
I've got... _____	...şikayetçiyim *...shika-yet-chiyim*
I'm running a _____ temperature of...degrees	Ateşim...derece *ateshim...deRejeh*
I've been stung by_____ a wasp	Beni eşek arısı soktu *beni eshek aRuhsuh soktoo*
I've been stung by an_____ insect	Beni böcek ısırdı *beni burjek uhsuhRduh*
I've been bitten by _____ a dog	Beni köpek ısırdı *beni kurpek uhsuhRduh*
I've been stung by_____ a jellyfish	Bana deniz anası değdi *bana deniz anasuh de:di*
I've been bitten by _____ a snake	Beni yılan ısırdı *beni yuhlan uhsuhRduh*
I've been bitten by _____ an animal	Beni bir hayvan ısırdı *beni biR hívan uhsuhRduh*
I've cut myself _____	kendimi kestim *kendimi kestim*

Sickness

I've burned myself _____	kendimi yaktım
	kendimi yaktuhm
I've grazed myself _____	kendimi yüzdüm
	kendimi yewzdewm
I've had a fall _____	Düştüm
	dewshtewm
I've sprained my ankle _____	Ayak bileğimi burktum
	a-yak bile:imi booRktoom
I've come for the pill	Doğum kontrol hapı istiyorum, lütfen
	do:oom kontRol hapuh istiyoRoom, lewtfen

🔵 .3 The consultation

Şikayetiniz nedir? _____	What seems to be the problem?
Bu şikayetleriniz başlayalı ne kadar _____ oluyor?	How long have you had these symptoms?
Bu şikayetleriniz geçmişte de var mıydı? _____	Have you had this trouble before?
Ateşiniz kaç derece? _____	How high is your temperature?
Lütfen, soyununuz _____	Get undressed, please
Belden yukarsını çıkarın _____	Strip to the waist, please
Şurada soyunabilirsiniz _____	You can undress there
Sağ/sol kolunuzu sıvar mısınız? _____	Roll up your left/right sleeve, please
Buraya uzanın _____	Lie down here, please
Acıyor mu? _____	Does this hurt?
Derin nefes alıp verin _____	Breathe deeply
Ağzınızı açın _____	Open your mouth

Patient's medical history

I'm a diabetic _____	Şeker hastasıyım
	shekeR hastasuhyuhm
I have a heart condition ___	Kalp hastasıyım
	kalp hastasuhyuhm
I have asthma _____	Astım hastasıyım
	astuhm hastasuhyuhm
I'm allergic to... _____	...karşı alerjim var
	...kaRshuh aleRzhim vaR
I'm...months pregnant _____	...aylık hamileyim
	...íluhk hahmileyim
I'm on a diet _____	Perhizdeyim
	peRhizdeyim
I'm on medication/the pill __	İlaç/doğum kontrol hapı kullanıyorum
	ilach/do:oom kontRol hapuh kul-lanuhyoRoom
I've had a heart attack _____ once before	Daha önce de kalp krizi geçirdim
	da-ha urnjeh deh kalp kRizi gechiRdim
I've had a(n)...operation ___	...ameliyat oldum
	...ameliyat oldoom
I've been ill recently _____	Bir müddet önce hastaydım
	biR mewd-det urnjeh hastíduhm

Herhangi bir şeye karşı alerjiniz var mı? _____	Do you have any allergies?
İlaç kullanıyor musunuz? _____	Are you on any medication?
Perhizde misiniz? _____	Are you on a diet?
Hamile misiniz? _____	Are you pregnant?
Tetanoz aşısı oldunuz mu? _____	Have you had a tetanus injection?

The diagnosis

Pek bir şeyiniz yok _____	It's nothing serious
...kırmışsınız _____	Your...is broken
...berelenmişsiniz _____	You've got a/some bruised...
...kopmuş _____	You've got (a) torn...
İltihaplanma var _____	You've got an infection
Apandisitiniz var _____	You've got appendicitis
Bronşitiniz var _____	You've got bronchitis
Cinsel bir hastalığa yakalanmışsınız _____	You've got a venereal disease
Gripe yakalanmışsınız _____	You've got the flu
Kalp krizi geçirmişsiniz _____	You've had a heart attack
Mikrop kapmışsınız _____	You've got an infection (viral, bacterial)
Zatürree olmuşsunuz _____	You've got pneumonia
Ülseriniz var _____	You've got an ulcer
Kasınızı zorlayıp incitmişsiniz _____	You've pulled a muscle
Vajinal enfeksiyonunuz var _____	You've got a vaginal infection
Yediğiniz gıdadan zehirlenmişsiniz _____	You've got food poisoning
Sizi güneş çarpmış _____	You've got sunstroke
... karşı alerjiniz var _____	You're allergic to...
Hamilesiniz _____	You're pregnant
Kanınızı/idrarınızı/dışkınızı araştırtmak istiyorum _____	I'd like to have your blood/urine/stools tested
Dikiş atılması gerek _____	It needs stitching
Sizi bir uzman doktora/hastaneye gönderiyorum _____	I'm referring you to a specialist/sending you to the hospital
Röntgen fotoğraflarının çekilmesi gerek _____	You'll need to have some x-rays taken
Bir süre daha bekleme odasında oturmanız gerek _____	Could you wait in the waiting room, please?
Ameliyat olmanız gerek _____	You'll need an operation

Sickness

13

I've got an ulcer _____	Ülserim var
	ewlseRim vaR
I've got my period _____	Adet kanamam başladı
	adet kanamam bashladuh
Is it contagious? _____	Bulaşıcı mı?
	boolashuhjuh muh
How long do I have to _____ stay...?	... ne kadar kalmam gerek?
	... neh kadaR kalmam geRek?
– in bed _____	Yatakta ne kadar kalmam gerek?
	yatakta neh kadaR kalmam geRek?
– in the hospital _____	Hastanede ne kadar kalmam gerek?
	hastanedeh neh kadaR kalmam geRek?
Do I have to go on _____ a special diet?	Perhiz yapmak zorunda mıyım?
	peRhiz yapmak zoRoonda muhyuhm?
Am I allowed to travel? _____	Seyahat edebilir miyim?
	seyahat edebiliR miyim?
Can I make a new _____ appointment?	Yeni bir randevu alabilir miyim?
	yeni biR randevoo alabiliR miyim?
When do I have to _____ come back?	Tekrar ne zaman gelmem gerek?
	tekRaR neh zaman gelmem geRek?
I'll come back _____ tomorrow	Yarın tekrar gelirim
	yaRuhn tekRaR geliRim

| Yarın/...gün sonra yeniden gelmelisiniz _____ | Come back tomorrow/in...days' time. |

🔵 .4 **M**edication and prescriptions

How do I take this _____ medicine?	Bu ilaçları nasıl almam gerekiyor?
	boo ilachlaR nasuhl almam geRekiyoR?
How many pills/ _____ drops/injections/spoonfuls/ tablets each time?	Her seferinde kaç kapsül/damla/iğne/kaşık/tablet?
	heR sefeRindeh kach kapsewl/damla/i:neh/kashuhk/tablet?
How many times a day? _____	Günde kaç defa?
	gewndeh kach defa?
I've forgotten my _____ medication. At home I take...	İlaçlarımı unutmuşum. İngiltere'de...kullanıyorum
	ilachlaRuhm oonootmooshoom.
	ingilteRedeh...kool-lanuhyoRoom
Could you write a _____ prescription for me?	Bana bir reçete verebilir misiniz?
	bana biR recheteh veRebiliR misiniz?

Size antibiyotik/şurup/sakinleştirici/ağrı kesici yazıyorum _____	I'm prescribing antibiotics/a mixture/a tranquilizer/painkillers
Dinlenmelisiniz _____	Have lots of rest
Dışarı çıkmamalısınız _____	Stay indoors
Yatakta kalmalısınız _____	Stay in bed

Sickness

🔵

bu ilaçarı aldıktan sonra araba kullanmayınız	injections	tablets
do not drive after taking this medicine	kapsül	tedaviyi tamamlayın
	pills	finish the course
	merhem	tümünü yutun
	ointment	swallow whole
damla	...saatte bir	yemeklerden önce
drops	every...hours	before meals
...gün boyunca	sadece dıştan kullanılır	(yemek/çay) kaşığı
throughout the day	not for internal use	spoonfuls (table-spoons/teaspoons)
günde...kere	sürün	yutun
...times a day	rub on	swallow
iğne	suyla karıştırın	
	dissolve in water	
	tablet	

.5 At the dentist's

Do you know a good _____ dentist?	Bana iyi bir diş doktoru tavsiye edebilir misiniz? *bana iyi biR dish doktoRoo tavsiyeh edebiliR misiniz?*
Could you make a _____ dentist's appointment for me? It's urgent	Benim için diş doktorundan randevu alabilir misiniz? Acelem var *benim ichin dish doktooRoondan randevoo alabiliR misiniz? ajelem vaR*
Can I come in today,_____ please?	Bugün gelebilir miyim lütfen? *boogewn gelebiliR miyim lewtfen?*
I have (terrible)_____ toothache	Dişim (felaket) ağrıyor *dishim (felahket) a:RiyoR*
Could you prescribe/ _____ give me a painkiller?	Ağrı kesici yazabilir mısınız/verebilir misiniz? *a:Ruh kesiji yazabiliR misiniz?/veRebiliR misiniz?*
A piece of my tooth _____ has broken off	Dişimin bir parçası kırıldı *dishimin biR paRchasuh kuhRuhlduh*
My filling's come out _____	Dolgum düştü *dolgoom dewshtew*
I've got a broken crown____	Dişimin köprüsü kırıldı *dishimin kurpRewsew kuhRuhlduh*
I'd like/I don't want a _____ local anaesthetic	Lokal anestezi istiyorum/istemiyorum *lokal anestezi istiyoRoom/istemiyoRoom*
Can you do a temporary ___ repair job?	Bana bir müddet idare edecek şekilde yardım edebilir misiniz? *bana biR mewd-det idaRe edejek shekildeh yaRduhm edebiliR misiniz?*
I don't want this tooth _____ pulled	Bu dişin çekilmesini istemiyorum *boo dishin chekilmesini istemiyoRoom*
My dentures are broken. ___ Can you fix them?	Takma dişim kırıldı. Tamir edebilir misiniz? *takma dishim kuhRuhlduh. tahmir edebiliR misiniz?*

Sickness

13

Hangi dişiniz ağrüyor? _____	Which tooth hurts?
Abseniz var _____	You've got an abscess.
Kanal tedavisi yapmam gerekiyor _____	I'll have to do a root canal
Lokal anestezi yapacağüm _____	I'm giving you a local anaesthetic
Bu dişi doldurmam/çekmem/törp_____ lemem gerekiyor	I'll have to fill/pull/file this tooth down
Dişinizi delmem gerekiyor _____	I'll have to drill
Ağzünüzü açün _____	Open wide, please
Ağzünüzü kapayün_____	Close your mouth, please
Ağzünüzü çalkalayün_____	Rinse, please
Hala ağrüyor mu? _____	Does it hurt still?

14

In trouble

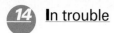

14 In trouble

14.1 Asking for help

Help!	İmdat! *imdat!*
Fire!	Yangın! *yanguhn!*
Police!	Polis! *polis!*
Quick!	Çabuk! *chabook!*
Danger!	Tehlike! *teHlikeh!*
Watch out!	Dikkat! *dik-kat!*
Stop!	Dur! *dooR*
Be careful!	Dikkat et! *dik-kat et!*
Don't!	Yapma! *yapma!*
Let go!	Bırak! *buhRak!*
Stop that thief!	Hırsız var, yakalayın! *huhRsuhz vaR, yakala-yuhn!*
Could you help me, please?	Bana yardım eder misiniz? *bana yaRduhm edeR misiniz?*
Where's the police station/emergency exit/fire escape?	Karakol/acil çıkış/yangın merdiveni nerede? *kaRakol/ah-jil chuhkuhsh/yanguhn meRdiveni neredeh?*
Where's the nearest fire extinguisher?	Yangın söndürücüsü nerede? *yanguhn surndewRewjewsew neRedeh?*
Call the fire department!	İtfaiyeyi çağırın! *itfah-iyeyi cha:uhRuhn!*
Call the police!	Polisi arayın *polisi aRa-yuhn*
Call an ambulance!	Bir ambülans çağırın *biR ambewlans cha:uhRuhn*
Where's the nearest phone?	Telefon nerede? *telefon neRedeh?*
Could I use your phone?	Telefonunuzu kullanabilir miyim? *telefonoonoozoo kool-lanabiliR miyim?*
What's the emergency number?	Acil servis numarası ne? *ah-jil seRvis noomaRasuh neh?*
What's the number for the police?	Karakolun telefon numarası ne? *kaRakoloon telefon noomaRasuh neh?*

In trouble

14

I've lost my purse/_____ wallet	Cüzdanımı/evrak çantamı kaybettim *jewzdanuhm/evRak chantamuh kíbet-tim*
I lost my...yesterday _____	Dün...unuttum *dewn...oonoot-toom*
I left my...here _____	...buraya bırakmıştım *...booRa-ya buhRakmuhshtuhm*
Did you find my...? _____	Benim...buldunuz mu? *benim...booldoonooz moo?*
It was right here_____	Buradaydı *booRadíduh*
It's quite valuable _____	Çok değerli *chok de:eRli*
Where's the Lost _____ and Found office?	Kayıp eşya bürosu nerede? *kí-uhp eshya bewRosoo neRedeh?*

.3 Accidents

There's been an accident __	Bir kaza oldu *biR kaza oldoo*
Someone's fallen into _____ the water	Biri suya düştü *biRi sooya dewshtew*
There's a fire_____	Yangın var *yanguhn vaR*
Is anyone hurt? _____	Yaralanan var mı? *yaRalanan vaR muh?*
Some people have _____ been/no one's been injured	Yaralı var (yok) *yaRaluh vaR (yok)*
There's someone in _____ the car/train still	Arabada/trende biri daha var *aRabada/trendeh biRi da-ha vaR*
It's not too bad. Don't_____ worry	Pek bir şey yok. Merak etmeyin *pek biR shey yok. meRak etmeyin*
Leave everything the _____ way it is, please	Hiç bir şeyin yerini değiştirmeyiniz *hich biR sheyin yeRini de:ishtiRmeyiniz*
I want to talk to the_____ police first	Önce polisle görüşmek istiyorum *urnjeh polisleh gurRewshmek istiyoRoom*
I want to take a _____ photo first	Önce bir fotoğraf çekmek istiyorum *urnjeh biR foto:Raf chekmek istiyoRoom*
Here's my name_____ and address	Buyurun, adım ve adresim *booy-ooRoon aduhm ve adResim*
Could I have your _____ name and address?	Adınızı ve adresinizi alabilir miyim? *aduhnuhzuh ve adResinizi alabiliR miyim?*
Could I see some_____ identification/your insurance papers?	Nüfus cüzdanınızı/sigorta poliçenizi görebilir miyim? *newfoos cewzdanuhnuhz/sigoRta polichenizi gurRebiliR miyim?*
Will you act as a _____ witness?	Görgü tanıklığı eder misiniz? *gurRgew tanuhkluh:uh edeR misiniz?*
I need the details for _____ the insurance	Verileri sigorta için bilmem gerek *veRileRi sigoRta ichin bilmem geRek*
Are you insured?_____	Sigortalı mısınız? *sigoRtaluh muhsuhnuhz?*

Third party or _____	Tek taraflı mı yoksa çift taraflı mı?
all inclusive?	*tek taRafluh muh yoksa chift taRafluh muh?*
Could you sign here, _____	Burayı imzalar mısınız?
please?	*booRaya imzalaR muhsuhnuhz?*

 .4 Theft

I've been robbed _____	Soyuldum
	soyooldoom
My...has been stolen _____	...çalındı
	...chaluhnduh
My car's been _____	Arabama zorla girildi
broken into	*aRabama zoRla giRildi*

.5 Missing person

I've lost my child/ _____	Çocuğumu/büyük annemi kaybettim
grandmother	*chojoo:uhmuh/bew-yewk an-nemi kibet-tim*
Could you help me _____	Aramama yardım eder misiniz?
find him/her?	*aRamama yaRduhm edebiliR misiniz?*
Have you seen a _____	Küçük bir çocuk gördünüz mü?
small child?	*kewchewk biR chojook gurRdewnewz mew?*
He's/she's...years old _____	...yaşında
	...yashuhnda
He's/she's got _____	Kısa/uzun/sarı/kızıl/kahverengi/siyah/beyaz/dalgalı
short/long/blond/red/	/düz/kıvırcık saçlı
brown/black/gray/curly/	*kuhsa/oozoon/saruh/kuhzuhl/kaHveRengi/siyah/be*
straight/frizzy hair	*yaz/dalgaluh/dewz/kuhvuhRjuhk sachluh*
with a ponytail _____	saçı at kuyruklu
	sachuh at kooyRookloo
with braids _____	saçı örgülü
	sachuh urRgewlew
in a bun _____	saçı topuz
	sachuh topooz
He's/she's got _____	Gözleri mavi/kahverengi/yeşil
blue/brown/green eyes	*gurzleRi mavi/kaHveRengi/yeshil*
He's wearing swimming ___	Üzerinde mayosu/ayağında dağcılık ayakkabıları
trunks/hiking boots	vardı
	ewzeRindeh mayosoo/a-ya:uhnda da:juhluhk a-
	yak-kabuhlaRuh vaRduh
with/without glasses/ _____	gözlüklü/gözlüksüz/çantalı/çantasız
a bag	*gurzlewklew/gurzlewksewz/chantaluh/chantasuhz*
tall/short_____	kısa/uzun boylu
	kuhsa/oozoon boyloo
This is a photo of _____	Bu onun resmi
him/her	*boo onoon resmi*
He/she must be lost _____	Eminim kayboldu
	eminim kiboldoo

In trouble

14

14.6 The police

An arrest

I don't speak Turkish	Türkçe konuşmasını bilmiyorum
	tewRkcheh konooshmasuhnuh bilmiyoRoom
I didn't see the sign	Levhayı görmedim
	levha-yuh gurRmedim
I don't understand what it says	Ne demek istendiğini anlamıyorum
	neh demek istedi:ini anlamuhyoRoom
I was only doing... kilometers an hour	Saatte...kilometre ile gidiyordum
	saht-teh...kilometReh ileh gidiyoRdoom
I'll have my car checked	Arabama baktıracağım
	aRabama baktuhRaja:uhm
I was blinded by oncoming lights	Karşıdan gelen araç yüzünden bir şey göremez oldum
	kaRshuhdan gelen aRach yewzewnden biR shey gurRemez oldoom

Ruhsatınız lütfen	Your registration papers, please
Arabanızı çok süratli kullanıyordunuz	You were speeding
Yanlış park etmişsiniz	You're not allowed to park here
Park ücretini ödememişsiniz	You haven't put money in the meter
Işıklarınız yanmıyo	Your lights aren't working
...liralık bir ceza ödemek zorundasınız	That's a...lira fine
Şimdi ödemek ister misiniz?	Do you want to pay now?
Şimdi ödemek zorundasınız	You'll have to pay now

At the police station

I want to report a collision/missing person/rape	Bir çarpışma/kayıp/tecavüz nedeniyle zabıt tutturmak istiyorum
	biR chaRpuhshma/ki-uhp/tejahvewz nedeniyleh zabuht toot-tooRmak istiyoRoom
Could you make out a report, please?	Tutanağa geçirir misiniz?
	tootana:a gechiRiR misiniz?
Could I have a copy for the insurance?	Bir nüshasını sigorta için alabilir miyim?
	biR news-hasuhnuh sigoRta ichin alabiliR miyim?
I've lost everything	Her şeyimi kaybettim
	heR sheyimi kibet-tim
I've run out of money	Param bitti, ne yapacağımı bilmiyorum
	paRam bit-ti, neh yapaja:uhmuh bilmiyoRoom
Can you lend me some money	Bir miktar borç para verebilir misiniz?
	biR miktaR boRch paRa veRebiliR misiniz?
I'd like an interpreter	Tercüman istiyorum
	teRjewman istiyoRoom
I'm innocent	Ben suçsuzum
	ben soochsoozoom

In trouble

14

I don't know anything _____ about it	Benim hiç bir şeyden haberim yok *benim hich biR sheyden habeRim yok*
I want to speak to _____ someone from the American consulate	İngiltere konsolosluğundan biri ile görüşmek istiyorum *ingiltere konsoslooːoondan biRi ileh gurRewshmek istiyoRoom*
I need to see someone _____ from the American embassy	İngiltere büyük elçiliğinden biri ile görüşmek istiyorum *ingiltere bew-yewk elchiliːinden biRi ileh gurRewshmek istiyoRoom*
I want a lawyer who _____ speaks English	İngilizce konuşmasını bilen bir avukat istiyorum *ingilizjeh konooshmasuhnuh bilen biR avookat istiyoRoom*

Nerede oldu? _____	Where did it happen?
Ne kaybettiniz? _____	What's missing?
Ne çalındı? _____	What's been taken?
Nüfus cüzdanınızı görebilir miyim? _____	Could I see some identification?
Saat kaçta oldu? _____	What time did it happen?
Başka kimlerin ilişkisi var? _____	Who was involved?
Görgü tanıkları var mı? _____	Are there any witnesses?
Bunu doldurur musunuz? _____	Fill this out, please
Burayı imzalayın lütfen _____	Sign here, please
Tercüman ister misiniz? _____	Do you want an interpreter?

In trouble

14

15

Word list

Word list English - Turkish

● **This word list** is meant to supplement the previous chapters.
In a number of cases, words not contained in this list can be found
elsewhere in this book, namely alongside the diagrams of the car, the
bicycle and the tent. Many food terms can be found in the Turkish-
English list in 4.7.

A

about	yaklaşık olarak	yaklashuhk olaRak
above	...üstünde	...ewstewndeh
abroad	yurt dışı	yooRt duhshuh
accident	kaza	kaza
adder	engerek yılanı	engeRek yuhlanuh
addition	toplama	toplama
address	adres	adRes
admission	giriş	giRish
admission price	giriş fiyatı	giRish fiyatuh
advice	öneri, tavsiye	urneRi, tavsiyeh
after	sonra	sonRa
afternoon (in the)	öğleden sonra	ur:leden sonRa
aftershave	tıraş losyonu	tuhRash los-yonoo
again	yeniden	yeniden
against	karşı	kaRshuh
age	yaş	yash
Aids	Aids hastalığı	eehds hastaluh:uh
air mattress	şişirme yatak	shishiRmeh yatak
air sickness bag	istifrağ torbası	istifra: toRbasuh
airconditioning	havalandırma	havalanduhRma
airmail, by	uçak ile	uchak ileh
airplane	uçak	oochak
airport	havaalanı	havaalanuh
alarm	alarm	alaRm
alarm clock	çalarsaat	chalaRsaht
alcohol	alkol	alkol
all the time	daima	díma
allergic	alerjik	aleRzhik
alone	yalnız	yalnuhz
always	her zaman	heR zaman
ambulance	ambülans	ambewlans
American	a	a
amount	miktar	miktaR
amusement park	lunapark	loona-paRk
anaesthetize	uyuşturmak	ooyooshtooRmak
anchovy	hamsi	hamsi
and	ve	veh
angry	kızgın	kuhzguhn
animal	hayvan	hívan
ankle	ayak bileği	a-yak bile:i
answer	cevap, yanıt	jevap, yanuht
ant	karınca	kaRuhnja
antibiotics	antibiyotik	antibiyotik
antifreeze	antifriz	antifRiz
antique	antika	antika
antiques	antika	antika
anus	anüs	anews
apartment	apartman dairesi	apaRtman diResi

111

ord list

15

aperitif	aperatif	*apeRatif*
apologize	özür dilemek	*urzewR dilemek*
apple	elma	*elma*
apple juice	elma suyu	*elma soo-yoo*
apple pudding	elma tatlısı	*elma tatluhsuh*
apple sauce	elma sosu	*elma sosoo*
appointment	randevu	*randevoo*
apricot	kayısı	*kí-uhsuh*
April	nisan	*nisan*
architecture	mimarlık	*mimaRluhk*
area	civar	*jivaR*
area code	şehirlerarası	*sheh-hiRleR-a-Rasuh*
	kod numarası	*kod noomaRasuh*
arm	kol	*kol*
arrange	sözleşmek	*surzleshmek*
arrive	varmak	*vaRmak*
arrow	ok	*ok*
art	sanat	*sanat*
artery	atardamar	*ataRdamaR*
artichokes	enginar	*enginaR*
article	malzeme	*malzemeh*
artificial respiration	suni tenefüs	*sooni tenefews*
ashtray	kül tablası	*kewl tablasuh*
ask	sormak	*soRmak*
ask	rica etmek	*rija etmek*
asparagus	kuşkonmaz	*kooshkonmaz*
aspirin	aspirin	*aspiRin*
assault	sarkıntılık	*saRkuhntuhluhk*
at night	geceleyin	*gejeleyin*
at the back	arkada	*aRkada*
at the front	önde	*urndeh*
August	ağustos	*a:oostos*
automatic	otomatik	*otomatik*
autumn	sonbahar	*sonba-haR*
avalanche	çığ	*chuh*
awake	uyanık	*ooyanuhk*
awning	güneşlik	*gewneshlik*

B

baby	bebek	*bebek*
baby food	bebek maması	*bebek mamasuh*
babysitter	çocuk bakıcısı	*chojook bakuhjuhsuh*
back	sırt	*suhRt*
backpack	sırt çantası	*suhRt chantasuh*
bad	kötü	*kurtew*
bag	çanta	*chanta*
baker	fırın	*fuhRuhn*
balcony (theater)	loca	*loja*
balcony (to building)	balkon	*balkon*
ball	top	*top*
ballet	bale	*baleh*
ballpoint pen	tükenmez kalem	*tewkenmez kalem*
banana	muz	*mooz*
bandage	sargı	*saRguh*
Bandaids	yara bandı	*yaRa banduh*
bangs (hair)	kakül	*kakewl*
bank (river)	sahil	*sa-hil*

bank	banka	banka
bank card	banka kartı	banka kaRtuh
bar (café)	bar	baR
bar (in one's room)	minibar	minibaR
barbecue	mangal	mangal
bath	banyo	banyo
bath attendant	cankurtaran	jankooRtaRan
bath foam	banyo köpüğü	banyo kurpew:ew
bath towel	banyo havlusu	banyo havloosoo
bathing cabin	banyo kabini	banyo kabini
bathing cap	bone	boneh
bathing suit	mayo	ma-yo
bathroom	banyo	banyo
battery	pil	pil
battery (car)	akümülatör	akewmewlaturR
beach	plaj	plazh
beans	(kuru) fasulye	(kooRoo) fasoolyeh
beautiful	güzel	gewzel
beauty parlor	güzellik merkezi	gewzel-lik meRkezi
bed	yatak	yatak
bee	arı	aRuh
beef	sığır eti	suh:uhR eti
beer	bira	biRa
beet	pancar	panjaR
begin	başlamak	bashlamak
beginner	yeni başlayan	yeni bashla-yan
behind	...arkasında	...aRkasuhnda
belt	kemer	kemeR
berth	kuşet	kooshet
better	daha iyi	da-ha iyi
bicarbonate of soda	karbonat	kaRbonat
bicycle	bisiklet	bisiklet
bicycle pump	bisiklet pompası	bisiklet pompasuh
bicycle repairman	bisiklet tamircisi	bisiklet tahmiRjisi
bikini	bikini	bikini
bill	hesap	hesap
billiards, to play	bilardo oynamak	bilaRdo oynamak
birthday	doğum günü	do:oom gewnew
bite	ısırmak	uhsuhRmak
bitter	acı	ajuh
black	siyah	si-yaH
bland	tatsız	tatsuhz
blanket	battaniye	bat-taniyeh
bleach	ağartmak	a:aRtmak
blister	su toplaması	soo toplamasuh
blond	sarışın	saRuhshuhn
blood	kan	kan
blood pressure	tansiyon	tansiyon
blouse	bluz	blooz
blow dry	saç kurutma	sach kooRootma
blue	mavi	mavi
blunt	kör	kurR
boat	gemi, vapur	gemi, vapooR
body	vücut	vewjoot
body milk	vücut losyonu	vewjoot losyonoo
boiled	haşlanmış	hashlanmuhsh
boiled ham	jambon	zhambon

Word list

15

bone	kemik	*kemik*
book	kitap	*kitap*
bookshop	kitabevi	*kitabevi*
border	sınır	*suhnuhR*
bored, to be	sıkılmak	*suhkuhlmak*
boring	can sıkıcı	*jan suhkuhjuh*
born	doğumlu	*do:oomloo*
borrow	borç almak	*boRch almak*
botanical gardens	botanik bahçesi	*botanik baHchesi*
both	her ikisi	*heR ikisi*
bottlewarmer	biberon ısıtıcı	*bibeRon uhsuhtuhjuh*
bottle (baby's)	biberon	*bibeRon*
box	kutu	*kootoo*
box (theater)	loca	*loja*
box office	bilet gişesi	*bilet gishesi*
boy	oğlan	*o:lan*
bra	sutyen	*soot-yen*
bracelet	bilezik	*bilezik*
brake	fren	*fRen*
brake fluid	fren sıvısı	*fRen suhvuhsuh*
brake oil	fren yağı	*fRen ya:uh*
brass	pirinç	*piRinch*
bread	ekmek	*ekmek*
break	kırmak	*kuhRmak*
breakfast	kahvaltı	*kaHvaltuh*
breast	göğüs	*gur:ews*
bridge	köprü	*kurpRew*
briefs	külot	*kewlot*
bring	getirmek	*getiRmek*
brochure	broşür	*bRoshewR*
broken	bozuk	*bozook*
brother	erkek kardeş	*eRkek kaRdesh*
brown	kahverengi	*kaHveh-Rengi*
bruise	berelemek	*beRelemek*
brush	fırça	*fuhRcha*
Brussels sprouts	Brüksel lahanası	*bRewksel la-hanasuh*
bucket	kova	*kova*
bug	mikrop	*mikRop*
bugs	böcek	*burjek*
building	bina	*bina*
buoy	şamandıra	*shamanduhRa*
burglary	hırsızlık	*huhRsuhzluhk*
burn	yanmak	*yanmak*
burnt	yanık	*yanuhk*
bus	otobüs	*otobews*
bus station	otogar	*otogaR*
bus stop	otobüs durağı	*otobews dooRa:uh*
business class	birinci sınıf	*biRinji suhnuhf*
business trip	iş seyahati	*ish seya-hati*
busy	kalabalık	*kalabuhluk*
busy (phone)	meşgul	*meshgool*
butane camping gas	bütan kamp gazı	*bewtan kamp gazuh*
butcher	kasap	*kasap*
butter	tereyağı	*teRe-ya:uh*
buttered roll	tereyağılı ufak ekmek	*teRe-ya:uhluh oofak ekmek*

| button | düğme | *dew:meh* |
| buy | satın almak | *satuhn almak* |

C

cabbage	lahana	*la-hana*
cabin	kamara	*kamaRa*
cake	pasta	*pasta*
cake shop	pastane	*pastaneh*
call	telefon etmek	*telefon etmek*
called (name)	adlı	*adluh*
camera	foto:Raf makinesi	*foto:Raf makinesi*
camp	kamp kurmak	*kamp kooRmak*
camp shop	kamp malzemeleri	*kamp malzemeleRi*
	satan mağaza	*satan ma:aza*
camper	kamper	*kampeR*
campfire	kamp ateşi	*kamp ateshi*
camping guide	kamp kılavuzu	*kamp kuhla-oozoo*
camping permit	kamp kurma ruhsatı	*kamp kooRma*
		rooHsatuh
campsite	kamping,	*kamping,*
	kamp sahası	*kamp sa-hasuh*
can	konserve	*konseRveh*
canal boat	gezi vapuru	*gezi vapooRoo*
cancel	iptal etmek	*iptahl etmek*
candies	şekerleme	*shekeRlemeh*
candle	mum	*moom*
canoe (verb)	kano yapmak	*kano yapmak*
canoe	kano	*kano*
car	araba, otomobil	*aRaba, otomobil*
carriage	vagon	*vagon*
car deck	otomobil guvertesi	*otomobil gewveRtesi*
car documents	araba ruhsat belgeleri	*aRaba rooHsat*
		belgeleRi
car seat	araba koltuğu	*aRaba koltoo:oo*
car trouble	motor arızası	*motoR aRuhzasuh*
carafe	sürahi	*sewRah-hi*
cardigan	hırka	*huhRka*
careful	dikkatli	*dik-katli*
carrot	havuç	*havooch*
carton	karton	*kaRton*
cascade	şelale	*shelaleh*
cashier	kasa	*kasa*
casino	kumarhane	*koomaRhaneh*
cassette	kaset	*kaset*
castle	kale	*kaleh*
cat	kedi	*kedi*
catalog	katalog	*katalog*
cauliflower	karnıbahar	*kaRnuhba-haR*
cave	mağara	*ma:aRa*
CD	kompakt disk	*kompakt disk*
celebrate	kutlamak	*kootlamak*
cemetery	mezarlık	*mezahRluhk*
center	orta	*oRta*
center (of town)	merkez	*meRkez*
centimeter	santimetre	*santimetReh*
central heating	kalorifer	*kaloRifeR*
chair	sandalye	*sandal-yeh*

chambermaid	oda hizmetçisi	oda hizmetchisi
champagne	şampanya	shampan-ya
change (coins)	bozuk para	bozook paRa
change (verb)	değiştirmek	de:ishtiRmek
change (trains, buses)	aktarmak	aktaRmak
change (money)	para bozdurmak	paRa bozdooRmak
change the baby's diaper	bebe:in altını değiştirmek	bebe:in altuhnuh de:ishtiRmek
change the oil	yağ değiştirmek	ya: de:ishtiRmek
charter flight	çarter uçuş	chaRteR oochoosh
check	kontrol etmek	kontRol etmek
check in	yolcu kabul	yoljoo kabool
check (money)	çek	chek
checked luggage	emanet	emahnet
checkers	dama oynamak	dama oynamak
cheers	şerefe	sheRefeh
cheese (tasty, mild)	peynir (lezzetli, hafif)	peyniR (lez-zetli, hafif)
chef	şef	shef
cherries	kiraz	kiRaz
chess, to play	satranç oynamak	satRanch oynamak
chewing gum	sakız, çiklet	sakuhz, chiklet
chicken	tavuk	tavook
child	çocuk	chojook
child's seat	çocuk oturacağı	chojook otooRaja:uh
chilled	soğutulmuş	so:ootoolmoosh
chin	çene	cheneh
chocolate	çikolata	chikolata
choose	seçmek	sechmek
chop	pirzola	piRzola
cigar	puro	pooRo
cigar shop	tütüncü	tewtewnjew
cigarette	sigara	sigaRa
cigarette paper	sigara kağıdı	sigaRa ka:uhduh
circle	daire, çember	diReh, chembeR
circus	sirk	siRk
city	şehir	she-hiR
city map	şehir haritası	she-hiR haRitasuh
classical concert	klasik konser	klasik konseR
clean (verb)	temizlemek	temizlemek
clean	temiz	temiz
clear	net	net
clearance	indirimli satışlar	indiRimli satuhshlaR
clock	duvar saati	doovaR sahti
closed	kapalı	kapaluh
closed off	kapalı (yol)	kapaluh (yol)
clothes	konfeksiyon	konfeksiyon
clothes hanger	askı	askuh
clothesline	çamaşır ipi	chamuhshuhR ipi
clothespin	mandal	mandal
clothing	giyim	giyim
coat	palto	palto
cockroach	hamam böceği	hamam burje:i
cocoa	kakao	kaka-o
cocoa (drink)	kakaolu süt	kaka-oloo sewt
cod	morina balığı	moRina baluh:uh
coffee	kahve	kaHve
coffee filter	kahve filtresi	kaHve filtResi

cognac	konyak	kon-yak
cold	soğuk	so:ook
cold (medical)	soğuk algınlığı	so:ook alguhnluh:uh
cold cuts	salam çeşitleri	salam cheshitleRi
collarbone	köprücük kemiği	kurpRewjewk kemi:i
colleague	meslektaş	meslektash
collision	çarpışma	chaRpuhshma
cologne	kolonya	kolon-ya
color	renk	renk
color pencils	boya kalemi	boya kalemi
color TV	renkli televizyon	renkli televizyon
coloring book	boyama kitabı	boyama kitabuh
comb	tarak	taRak
come	gelmek	gelmek
come back	geri gelmek	geRi gelmek
compartment	kompartman	kompaRtman
complain (verb)	şikayetçi olmak	shika-yet-chi olmak
complaint	şikayet	shika-yet
complaints book	şikayet defteri	shika-yet defteRi
completely	tamamen	tamahmen
compliment	iltifat	iltifat
compulsory	mecburi, zorunlu	mejbooRi, zoRoonloo
concert	konser	konseR
concert hall	konser salonu	konseR salonoo
concussion	beyin sarsıntısı	beyin saRsuhntuhsuh
condom	prezervatif	pReseRvatif
congratulate	tebrik etmek	tebRik etmek
connection	bağlantı	ba:lantuh
constipation	kabızlık	kabuhzluhk
consulate	konsolosluk	konsoloslook
consultation	konsültasyon	konsewltas-yon
contact lens	kontak lens	kontak lens
contact lens solution	lens bakım solüsyonu	lens bakuhm solews-yonoo
contagious	bulaşıcı	boolashuhjuh
contraceptive	doğum kontrol metodu	do:oom kontRol metodoo
contraceptive pill	doğum kontrol hapı	do:oom kontRol hapuh
cook (verb)	pişirmek	pishiRmek
cook	aşçı	ash-chuh
cookies	bisküvi	biskwi
copper	bakır	bakuhR
copy	kopya nüsha	kop-ya news-ha
corkscrew	tirbuşon	tiRbooshon
corner	köşe	kursheh
cornflour	mısır unu	muhsuhR oonoo
correct	doğru	do:Roo
correspond	yazışmak	yazuhshmak
corridor	koridor	koRidoR
costume	kostüm	kostewm
cot	çocuk karyolası	chojook kaR-yolasuh
cotton	pamuklu	pamookloo
cotton (antiseptic)	idrofil pamuk	idRofil pamook
cough	öksürük	urksewRewk
cough syrup	öksürük şurubu	urksewRewk shooRooboo
counter	tezgah	tezgahH

country	ülke	ewlkeh
country (countryside)	taşra	tashRa
country code	ülke telefon kodu	ewlkeh telefon kodoo
course	tedavi	tedavi
cousin	kuzen	koozen
crab	yengeç	yengech
cream	kaymak	kimak
credit card	kredi kartı	kRedi kaRtuh
croissant	kruason (Fransız kahvaltı böreği)	kRooason (fRansuhz kaHvaltuh burRe:i)
cross-country run	kır koşusu	kuhR koshoosoo
cross the road	karşıya geçmek	kaRshuhya gechmek
crossing	yaya geçidi	yaya gechidi
crossing	geçiş	gechish
cry	ağlamak	a:lamak
cubic meter	metre küp	metReh kewp
cucumber	salatalık	salataluhk
cuddly toy	oyuncak hayvan	oyoonjak hayvan
cuff links	manşet düğmeleri	manshet dew:meleRi
culottes	pantalon etek	pantalon etek
cup	fincan	finjan
curly	kıvırcık	kuhvuhRjuhk
current	akıntı	akuhntuh
cushion	yastık	yastuhk
custard	krema	kRema
customary	normal	noRmal
customs	gümrük	gewmRewk
customs check	gümrük kontrolü	gewmRewk kontRolew
cut	kesmek	kesmek
cut	kesmek	kesmek
cutlery	çatal bıçak takımı	chatal buhchak takuhmuh
cycling	bisiklet sporu	bisiklet spoRoo

D

dairy	süt mamülleri dükkanı	sewt mamewl-leRi dewk-kahnuh
damaged	hasara uğramış	hasaRa oo:Ramuhsh
dance	dans etmek	dans etmek
dandruff	kepek	kepek
danger	tehlike	teHlikeh
dangerous	tehlikeli	teHlikeli
dark	karanlık	kaRanluhk
date	randevu	randevoo
daughter	kız	kuhz
day	gün	gewn
day after tomorrow	yarın değil öbür gün	yaRuhn de:il urbewR gewn
day before yesterday	evvelki gün	ev-velki gewn
dead	ölü	urlew
decaffeinated	kafeinsiz	kafeynsiz
December	aralık	aRaluhk
deck chair	şezlong	shezlong
declare (customs)	beyan etmek	beyahn etmek
deep	derin	deRin
deep sea diving	deniz dalgıçlığı	deniz dalguhchluh:uh
deep freeze	dondurucu	dondooRoojoo

degrees	derece	*deRejeh*
delay	rötar	*rurtaR*
delicious	nefis	*nefis*
dentist	dişçi	*dishchi*
dentures	takma diş	*takma dish*
deodorant	deodorant	*deodorant*
department (in store)	reyon	*reyon*
department store	büyük mağaza	*bewyewk ma:aza*
departure	gidiş	*gidish*
departure time	gidiş saati	*gidish sahti*
depilatory cream	tüy dökücü krem	*tewy durkewjew kRem*
deposit (verb)	emanete vermek	*emahneteh veRmek*
deposit	kaparo	*kapaRo*
dervish dancers	semazenler	*semazenleR*
dessert	tatlı	*tatluh*
destination	gidilen yer	*gidilen yeR*
detergent	çamaşır tozu	*chamashuhR tozoo*
develop	banyo etmek	*banyo etmek*
diabetic	şeker hastası	*shekeR hastasuh*
dial	çevirmek	*cheviRmek*
diamond	elmas	*elmas*
diaper	çocuk bezi	*chojook bezi*
diarrhea	ishal	*is-hal*
dictionary	sözlük	*surzlewk*
diesel	dizel	*dizel*
diesel oil	mazot	*mazot*
diet	perhiz	*peRhiz*
difficulty	zorluk	*zoRlook*
dining room	yemek salonu	*yemek salonoo*
dining/buffet car	yemekli vagon	*yemekli vagon*
dinner	akşam yemeği	*aksham yeme:i*
dinner jacket	smokin	*smokin*
dinner, to have	akşam yemeği yemek	*aksham yeme:i yemek*
direction	yön	*yurn*
directly	dosdoğru	*dosdo:Roo*
dirty	kirli	*kiRli*
disabled	sakat	*sakat*
disco	diskotek	*diskotek*
discount	indirim	*indiRim*
dish	yemek	*yemek*
dish of the day	günün yemeği	*gewnewn yeme:i*
disinfectant	dezenfekte edici	*dezenfekteh ediji*
distance	mesafe	*mesafeh*
distilled water	arı su	*aruh soo*
disturb	rahatsız etmek	*ra-hatsuhz etmek*
disturbance	rahatsızlık	*ra-hatsuhzluhk*
dive	dalmak	*dalmak*
diving	dalgıçlık sporu	*dalguhchluhk spoRoo*
diving board	tramplen	*tRamplen*
diving gear	dalgıçlık takımı	*dalguhchluhk takuhmuh*
divorced	boşanmış	*boshanmuhsh*
dizziness	baş dönmesi	*bash durnmesi*
do	yapmak	*yapmak*
doctor	doktor	*doktoR*
dog	köpek	*kurpek*
doll	oyuncak bebek	*oynoojak bebek*
domestic	yurt içi	*yooRt ichi*

15

done (well cooked)	pişmiş	*pishmish*
door	kapı	*kapuh*
double	iki kişilik	*iki kishilik*
down	aşağı	*asha:uh*
draft	cereyan	*jeReyan*
dream	rüya görmek	*rewya gurRmek*
dress	elbise	*elbiseh*
dressing gown	sabahlık	*sabaHluhk*
drink	içecek	*ichejek*
drinking water	içme suyu	*ichmeh soo-yoo*
drive	araba kullanmak	*aRaba kool-lanmak*
driver	şoför	*shofurR*
driving license	ehliyet	*eHliyet*
drought	kuraklık	*kooRakluhk*
dry (verb)	kurutmak	*kooRootmak*
dry	kuru	*kooRoo*
dry clean	kuru temizleme	*kooRoo temizlemeh*
dry cleaner	kuru temizleyici	*kooRoo temizleyiji*
dry shampoo	kuru saçlar için şampuan	*kooRoo sachlaR ichin shampoo-an*
during	boyunca	*boyoonja*
during	esnasında	*esnasuhnda*
during the day	gündüz	*gewndewz*

E

ear	kulak	*koolak*
ear, nose and throat (ENT) specialist	kulak burun boğaz (KBB) uzmanı	*koolak booRoon bo:az oozmanuh*
earache	kulak ağrısı	*koolak a:Ruhsuh*
eardrops	kulak damlası	*koolak damlasuh*
early	erken	*eRken*
earrings	küpe	*kewpeh*
earth	toprak	*topRak*
earthenware	çömlek	*churmlek*
east	doğu	*do:oo*
easy	kolay	*kolí*
eat	yemek	*yemek*
eczema	egzama	*egzama*
eel	yılan balığı	*yuhlan baluh:uhn*
egg	yumurta	*yoomooRta*
eggplant	patlıcan	*patluhjan*
electric	elektrikli	*elektRikli*
electricity	elektrik	*elektRik*
elevator	asansör	*asansurR*
embassy	büyük elçilik	*bewyewk elchilik*
emergency brake	acil fren	*ah-jil fRen*
emergency exit	acil çıkış	*ah-jil chuhkuhsh*
emergency number	acil servis numarası	*ah-jil seRvis noomaRasuh*
emergency cone (car)	reflektör	*reflekturR*
emery board	tırnak törpüsü	*turRnak turRpewsew*
empty	boş	*bosh*
engaged	dolu	*doloo*
English language	İngilizce	*ingilizjeh*
enjoy	zevk almak	*zevk almak*
entertainment guide	etkinlik dergisi	*etkinlik deRgisi*
envelope	zarf	*zaRf*

evening	akşam	aksham
evening wear	gece kıyafeti	gejeh kuhyafeti
event	olay	olí
everything	her şey	her shey
everywhere	her yerde	heR yeRdeh
examine	muayene etmek	moo-a-yeneh etmek
excavation	arkeolojik kazı	aRkeolozhik kazuh
excellent	çok iyi	chok iyi
exchange	değiştirmek	de:ishtiRmek
exchange office	kambiyo bürosu	kambio bewRosoo
exchange rate	döviz kuru	durviz kooRoo
excursion	turistik gezi	tooRistik gezi
exhibition	sergi	seRgi
exit	çıkış	chuhkuhsh
expenses	masraf	masRaf
expensive	pahalı	pa-haluh
explain	açıklamak	achuhklamak
express train	mavi tren, ekspres	mavi tRen, ekspRes
external	dış	duhsh
eye	göz	gurz
eye drops	göz damlası	gurz damlasuh
eye shadow	göz boyası	gurz boyasuh
eye specialist	göz doktoru	gurz doktoRoo
eyeliner	göz kalemi	gurz kalemi

F

face	yüz	yewz
factory	fabrika	fabRika
fall	düşmek	dewshmek
family	aile	íleh
famous	ünlü, meşhur	ewnlew, mesh-hooR
far away	uzak	oozak
farewell	veda	veda
farm	çiftlik	chiftlik
farmer	çiftçi	chiftchi
farmer's wife	çiftçi kadın	chiftchi kaduhn
fashion	moda	moda
fast	çabuk	chabook
father	baba	baba
fault	hata	hata
fax, to send a	faks çekmek	faks chekmek
February	şubat	shoobat
feel	hissetmek	his-setmek
feel like	canı istemek	januh istemek
fence	çit	chit
ferry	vapur, feribot	vapuR, feRibot
fever	ateş	atesh
fill	dolgu yapmak	dolgoo yapmak
fill out	doldurmak	doldooRmak
filling (dental)	dolgu	dolgoo
film	film	film
filter	filtre	filtReh
find	bulmak	boolmak
fine	para cezası	paRa jezasuh
finger	parmak	paRmak
fire	ateş, yangın	atesh, yanguhn
fire department	itfaiye	itfa-iyeh

fire escape	yangın merdiveni	yanguhn meRdiveni
fire extinguisher	yangın söndürücüsü	yanguhn surndewRewjewsew
first	birinci	biRinji
first aid	ilk yardım	ilk yaRduhm
first class	birinci sınıf	biRinji suhnuhf
first name	ad	ad
fish (verb)	balık tutmak	baluhk tootmak
fish	balık	baluhk
fishing rod	olta	olta
fit	uymak	ooymak
fitness club	spor merkezi	spoR meRkezi
fitness training	egzersiz	egzeRsiz
fitting room	kabin	kabin
fix	tamir etmek	tahmiR etmek
flag	bayrak	bíRak
flash bulb	flaş lambası	flash lambasuh
flash cube	flaş lambası	flash lambasuh
flash gun	flaş	flash
flat	apartman dairesi	apaRtman díResi
flea market	bit pazarı	bit pazaRuh
flight	uçuş	oochoosh
flight number	uçuş numarası	oochoosh noomaRasuh
flood	sel	sel
floor	kat	kat
flour	un	oon
flu	grip	gRip
fly (insect)	sinek	sinek
fly (verb)	uçmak	oochmak
fog	sis	sis
foggy, to be	sis basmak	sis basmak
folkloristic	folklorik	folkloRik
follow	takip etmek	takip etmek
food	gıda	guhda
food poisoning	gıda zehirlenmesi	guhda zeh-hiRlenmesi
foot	ayak	a-yak
for	için	ichin
for hire	kiralık	kiRaluhk
forbidden	yasak	yasak
forehead	alın	aluhn
foreign	yabancı	yabanjuh
forget	unutmak	oonootmak
fork	çatal	chatal
form	form	foRm
fort	hisar	hisaR
forward	yollamak	yol-lamak
fountain	çeşme	cheshmeh
frame	çerçeve	cheRcheveh
free (seat)	boş	bosh
free	bedava, ücretsiz	bedahva, ewjRetsiz
free time	boş zaman	bosh zaman
freeze	donmak	donmak
French bread	francala	fRanjala
French fries	patates kızartması	patates kuhzaRtmasuh
French language	Fransızca	fRansuhzja
fresh	taze	tazeh
Friday	cuma	jooma

fried	kızartılmış	*kuhzaRtuhlmuhsh*
fried egg	yağda yumurta	*ya:da yoomooRta*
friend	arkadaş	*aRkadash*
friendly	candan, cana yakın	*jandan, jana yakuhn*
frightened	korkmuş	*koRkmoosh*
front (at the)	ön tarafta	*urn taRafta*
fruit	meyva	*meyva*
fruit juice	meyva suyu	*meyva soo-yoo*
frying pan	tava	*tava*
full	dolu	*doloo*
fun	eğlence	*e:lenjeh*

G

gallery	galeri	*galeRi*
game	oyun	*oyoon*
garage	garaj	*gaRazh*
garbage	saçmalık	*sachmaluhk*
garbage bag	çöp torbası	*churp toRbasuh*
garden	bahçe	*baHcheh*
gas	benzin	*benzin*
gas station	benzin istasyonu	*benzin istas-yonoo*
gastroenteritis	mide iltihabı	*mideh iltihahbuh*
gauze	gazlı bez	*gazluh bez*
gear	vites	*vites*
gel	jöle	*zhurleh*
German language	Almanca	*almanja*
get off	inmek	*inmek*
gift	hediye	*hediyeh*
gilt	yaldızlı	*yalduhzluh*
ginger	zencefil	*zenjefil*
girl	kız	*kuhz*
girlfriend	kız arkadaş	*kuhz aRkadash*
giro check	posta çeki	*posta cheki*
giro pass	posta çeki kartı	*posta cheki kaRtuh*
glacier	buzul	*boozool*
glass (tumbler)	bardak	*baRdak*
glasses (sun-)	gözlük	*gurzlewk*
	(güneş gözlüğü)	*(gewnesh gurzlew:ew)*
glide	planörle uçmak	*planurRleh oochmak*
glove	eldiven	*eldiven*
glue	tutkal	*tootkal*
gnat	sivrisinek	*sivRisinek*
go	gitmek	*gitmek*
go back	geri dönmek	*geRi durnmek*
go out	çıkmak	*chuhkmak*
goat's cheese	keçi peyniri	*kechi peyniRi*
gold	altın	*altuhn*
golf course	golf sahası	*golf sa-hasuh*
gone	kayıp	*ka-yuhp*
good afternoon	iyi günler	*iyi gewnleR*
good evening	iyi akşamlar	*yi akshamlaR*
good morning	günaydın	*gewníduhn*
good night	iyi geceler	*iyi gejeleR*
good-bye	hoşça kal	*hosh-cha kal*
grade crossing	hemzemin geçit	*hemzemin gechit*
gram	gram	*gRam*
grandchild	torun	*toRoon*

English	Turkish	Pronunciation
grandfather	dede	*dedeh*
grandmother	büyük anne	*bewyewk an-neh*
grape juice	üzüm suyu	*ewzewm soo-yoo*
grapefruit	greyfrut	*gReyfRoot*
grapes	üzüm	*ewzewm*
grave	mezar	*mezaR*
greasy	yağlı	*ya:luh*
green	yeşil	*yeshil*
green card	yeşil kart	*yeshil kaRt*
greet	selam vermek	*selahm veRmek*
grill	ızgara yapmak	*uhzgaRa yapmak*
grilled	kızartılmış	*kuhzaRtuhlmuhsh*
grocer	bakkal	*bak-kal*
ground	yer	*yeR*
ground (meat)	kıyma	*kuhyma*
group	gurup	*gooRoop*
guest house	pansiyon	*pansiyon*
guide (book)	kılavuz, rehber	*kuhla-ooz, reHbeR*
guide (person)	rehber	*reHbeR*
guided tour	rehberli tur	*reHbeRli tooR*
gynecologist	kadın doktoru	*kaduhn doktoRoo*

H

English	Turkish	Pronunciation
hair	saç	*sach*
hairbrush	saç fırçası	*sach fuhRchasuh*
hairdresser	kuaför; berber	*koo-afurR, beRbeR*
hairpins	saç tokası	*sach tokasuh*
hairspray	saç spreyi	*sach spReyi*
half	yarım	*yaRuhm*
half	yarı	*yaRuh*
half full	yarı dolu	*yaruh doloo*
hammer	çekiç	*chekich*
hand	el	*el*
hand brake	el freni	*el fReni*
handbag	el çantası	*el chantasuh*
handkerchief	mendil	*mendil*
handmade	el işi	*el ishi*
happy	memnun	*memnoon*
harbor	liman	*liman*
hard	sert	*seRt*
hat	şapka	*shapka*
hay fever	saman nezlesi	*saman nezlesi*
hazelnut	fındık	*fuhnduhk*
head	baş	*bash*
headache	baş ağrısı	*bash a:Ruhsuh*
health	sağlık	*sa:luhk*
health food shop	doğal gıda satan dükkan	*do:al guhda satan dewk-kahn*
hear	duymak	*dooymak*
hearing aid	işitme cihazı	*ishitmeh ji-hazuh*
heart	kalp	*kalp*
heart patient	kalp hastası	*kalp hastasuh*
heat	sıcaklık	*suhjakluhk*
heater	kalorifer	*kaloRifeR*
heavy	ağır	*a:uhR*
heel	ayak topuğu	*a-yak topoo:oo*
heel	topuk	*topook*

hello	merhaba	meRhaba
helmet	kask	kask
help (verb)	yardım etmek	yarduhm etmek
help	yardım	yaRduhm
helping	porsiyon	poRsiyon
herbal tea	baharlı çay	ba-haRluh chí
herbs	baharat	ba-haRat
here	burada	booRada
here you are	buyurun	booyooRoon
herring	ringa balığı	ringa baluh:uh
high	yüksek	yewksek
high tide	kabarma	kabaRma
highchair	çocuk sandalyesi	chojook sandaliyesi
highway	otoyol	oto-yol
hiking	hiking	híking
hiking (alpine)	dağcılık sporu	da:juhluhk spoRoo
hiking boots	dağcılık ayakkabıları	da:juhluhk a-yak-kabuhlaRuh
hiking trip	gezi	gezi
hip	kalça	kalcha
hire	kiralamak	kiRalamak
hitchhike	otostop yapmak	otostop yapmak
hobby	hobi	hobi
holdup	soyulma	soyoolma
holiday (national)	bayram tatili	biRam tatili
holiday	tatil	tatil
holiday rental	yazlık	yazluhk
holiday park	tatil köyü	tatil kuryew
home, at	evde	evdeh
homesickness	özlem	urzlem
honest	dürüst	dewRewst
honey	bal	bal
hood (car)	motor kapağı	motoR kapa:uh
horizontal	yatay	yatí
horrible	iğrenç	i:Rench
horse	at	at
hospital	hastane	hastaneh
hospitality	misafirperverlik	misahfiR-peRveRlik
hot	sıcak	suhjak
hotwater bottle	sıcak su torbası	suhjak soo toRbasuh
hot	acı	ajuh
hotel	otel	otel
hour	saat	saht
house	ev	ev
household items	ev eşyaları	ev eshyalaRuh
houses of parliament	parlamento binası	paRlamento binahsuh
housewife	ev kadını	ev kaduhnuh
how far?	ne kadar?	neh kadaR?
how long?	ne kadar uzak?	neh kadaR oozak?
how much?	ne kadar?	neh kadaR?
how?	nasıl?	nasuhl?
hundred grams	yüz gram	yewz gRam
hungry, to be	acıkmak	ajuhkmak
hurricane	kasırga	kasuhRga
hurry	acele	ajeleh
husband	eş	esh

15

| hut | kulübe | koolewbeh |
| hyperventilation | hiper ventilasyon | hipeR ventilas-yon |

I

ice cream	dondurma	dondooRma
ice cubes	buz parçası	booz paRchasuh
ice skate	buz pateni	booz pateni
idea	fikir	fikiR
identification	kimlik kartı, nüfus	kimlik kaRtuh, newfoos
	cüzdanı	cewzdanuh
identify	kimliğini tespit etmek	kimli:ini tespit etmek
ignition key	kontak anahtarı	kontak anaHtaRuh
ill	hasta	hasta
illness	hastalık	hastaluhk
imagine	sanmak	sanmak
immediately	hemen	hemen
import duty	gümrük vergisi	gewmRewk veRgisi
impossible	imkansız	imkahnsuhz
in	...içine; içinde	...ichineh, ichindeh
in the evening	akşamleyin	akshamleyin
included	dahil	da-hil
indicate	göstermek	gursteRmek
indicator	yön gösterici	yurn gursteRiji
inexpensive	ucuz	oojooz
infection (viral, bacterial)	enfeksiyon	enfeksiyon
inflammation	iltihap	iltihap
information	bilgi	bilgi
information office	danışma bürosu	danuhshma bewRosoo
injection	aşı, iğne	ashuh, i:neh
injured	yaralı	yaRaluh
inner ear	iç kulak	ich koolak
inner tube	iç lastik	ich lastik
innocent	suçsuz	soochsooz
insect	böcek	burjek
insect bite	böcek ısırması	burjek uhsuhRmasuh
insect repellent	sinek koruyucu krem	sinek koRooyoojoo kRem
inside	...içinde	...ichindeh
insole	ayakkabının iç tabanı	a-yak-kabuhnuhn ich tabanuh
instructions	kullanılış şekli	kool-lanuhluhsh shekli
insurance	sigorta	sigoRta
intermission	ara	aRa
international	uluslararası	oolooslaRaRasuh
interpreter	tercüman	teRjooman
intersection	kavşak	kavshak
introduce oneself	kendini tanıtmak	kendini tanuhtmak
invite	davet etmek	davet etmek
iodine	tentürdiyot	tentewRdiyot
iron (metal)	demir	demiR
iron (verb)	ütülemek	ewtewlemek
iron	ütü	ewtew
ironing board	ütü masası	ewtew masasuh
island	ada	ada
Italian language	İtalyanca	ital-yanja
itch	kaşıntı	kashuhntuh

J

jack	kriko	*kRiko*
jacket	ceket	*jeket*
jam	reçel	*rechel*
January	ocak	*ojak*
jaw	çene	*cheneh*
jellyfish	deniz anası	*deniz anasuh*
jeweler	kuyumcu	*kooyoomjoo*
jewelery	mücevherat	*mewjev-heRat*
jog	koşu yapmak	*koshoo yapmak*
joke	şaka	*shaka*
July	temmuz	*tem-mooz*
jumper cables	marş kablosu	*maRsh kablosoo*
June	haziran	*haziRan*

K

key	anahtar	*anaHtaR*
kilo	kilo	*kilo*
kilometer	kilometre	*kilometReh*
king	kral	*kRal*
kiss (verb)	öpmek	*urpmek*
kiss	öpücük	*urpewjewk*
kitchen	mutfak	*mootfak*
knee	diz	*diz*
knee socks	diz altı çorap	*diz altuh choRap*
knife	bıçak	*buhchak*
knit	örgü örmek	*urRgew urRmek*
know	bilmek	*bilmek*

L

lace	dantel	*dantel*
lace	ayakkabı bağı	*a-yak-kabuh ba:uh*
ladies' room	bayanlar tuvaleti	*ba-yanlaR too-aleti*
lake	göl	*gurl*
lamp	lamba	*lamba*
land	inmek	*inmek*
lane	şerit	*sheRit*
language	dil	*dil*
large	büyük	*bewyewk*
last	geçen	*gechen*
last	son	*son*
last night	dün gece	*dewn gejeh*
late	geç	*gech*
later	sonra	*sonRa*
latest, at the	en son	*en son*
laugh	gülmek	*gewlmek*
laundry	çamaşırhane	*chamashuhR-haneh*
law	hukuk	*hookook*
lawyer	avukat	*avookat*
laxative	müshil ilacı	*mews-hil ilajuh*
leak	sızıntı	*suhzuhntuh*
leather	deri	*deRi*
leather goods	deri mamülleri	*deRi mamewl-leRi*
leave	yola çıkmak	*yola chuhkmak*
leek	pırasa	*puhRasa*
left	sol	*sol*
left, to the	sola	*sola*

Word list

15

leg	bacak	*bajak*
lemon	limon	*limon*
lend	borç vermek	*boRch veRmek*
lens	mercek	*meRjek*
lentils	mercimek	*meRjimek*
less	daha az	*da-ha az*
lesson	ders	*deRs*
letter	mektup	*mektoop*
lettuce	marul	*maRool*
library	kütüphane	*kewtewp-haneh*
lie	uzanmak	*oozanmak*
lies, to tell	yalan söylemek	*yalan suhylemek*
lift (hitchhike)	otostop	*otostop*
lift (ski)	telesiyej	*telesiyezh*
light (not dark)	aydınlık	*iduhnluhk*
light (not heavy)	hafif	*hafif*
light	lamba	*lamba*
lighter (cigarette)	çakmak	*chakmak*
lighthouse	fener	*feneR*
lightning	şimşek	*shimshek*
like (verb)	hoşlanmak, sevmek	*hoshlanmak, sevmek*
line	çizgi	*chizgi*
linen	keten	*keten*
lipstick	ruj	*roozh*
liqueur	likör	*likuhR*
liquid gas	likit gaz	*likit gaz*
liquor store	tekel	*tekel*
listen	dinlemek	*dinlemek*
liter	litre	*litReh*
literature	edebiyat	*edebiyat*
little	az	*az*
little (a)	biraz	*biRaz*
live	oturmak	*otooRmak*
live together	beraber yaşamak	*beRabeR yashamak*
lobster	istakoz	*istakoz*
local	lokal	*lokal*
lock	kilit	*kilit*
long	uzun	*oozoon*
long distance call	şehirlerarası telefon konuşması	*she-hiRleRaRasuh telefon konooshmasuh*
look	bakmak	*bakmak*
look for	aramak	*aRamak*
look up (in dictionary)	aramak	*aRamak*
lose	kaybetmek	*kíbetmek*
loss	kayıp	*kí-uhp*
lost	kayıp	*kí-uhp*
lost item	kayıp eşya	*kí-uhp eshya*
lost and found office	kayıp eşya bürosu	*kí-uhp eshya bewRosoo*
lost, to be	kaybolmak	*kaybolmak*
lotion	losyon	*losyon*
loud	gürültülü, yüksek sesli	*gewRewltewlew, yewksek sesli*
love (verb)	sevmek	*sevmek*
love	sevgi (aşk)	*sevgi (ashk)*
love, be in - with	-e aşık olmak	*-eh ashuhk olmak*
low	alçak	*alchak*

low tide	alçak gel-git	alchak gel-git
luck	şans	shans
luggage	bagaj	bagazh
luggage locker	bagaj dolabı	bagazh dolabuh
lunch	öğle yemeği	ur:leh yeme:i
lunchroom	yemek salonu	yemek salonoo
lungs	akciğer	akji:eR

M

macaroni	makarna	makaRna
madam	bayan	ba-yan
magazine	dergi	deRgi
mail	posta	posta
mailbox	posta kutusu	posta kootoosoo
mailman	postacı	postajuh
main post office	merkez postane	meRkez postaneh
main road	ana yol	ana yol
make an appointment	randevu almak	randevoo almak
make love	sevişmek	sevishmek
makeshift	geçici	gechiji
man	erkek	eRkek
manager	müdür	mewdewR
mandarin (fruit)	mandalina	mandalina
manicure	manikür	manikewR
map	harita	haRita
marble	mermer	meRmeR
March	mart	maRt
margarine	margarin	maRgaRin
marina	yat limanı	yat limanuh
market	pazar	pazaR
marriage	evlilik	evlilik
married	evli	evli
married, get	evlenmek	evlenmek
massage	masaj	masazh
matte (photographs)	mat	mat
match	maç	mach
matches	kibrit	kibRit
May	mayıs	ma-yuhs
maybe	belki	belki
mayonnaise	mayonez	ma-yonez
mayor	belediye başkanı	belediyeh bashkanuh
meal	yemek	yemek
mean	...anlamına gelmek	...anlamuhna gelmek
meat	et	et
medication	ilaç	ilach
medicine	ilaç	ilach
meet	tanışmak	tanuhshmak
melon	karpuz; kavun	kaRpooz, kavoon
membership	üyelik	ew-yelik
menstruate	adet görmek	adet gurRmek
menstruation	adet kanaması	adet kanamasuh
menu	menü	menew
menu of the day	günün menüsü	gewnewn menewsew
message	mesaj, not	mesazh, not
metal	metal	metal
meter (taxi)	taksimetre	taksimetReh
meter	metre	metReh

Word list

migraine	migren	migRen
mild (tobacco)	hafif	hafif
milk	süt	sewt
millimeter	milimetre	milimetReh
minaret	minare	minaReh
mineral water	maden suyu	maden soo-yoo
minute	dakika	dakika
mirror	ayna	ina
miss	özlemek	urzlemek
missing person	kayıp kişi	ka-yuhp kishi
missing, to be	kayıp olmak	ka-yuhp olmak
mistake	yanlışlık	yanluhshluhk
mistaken, to be	yanılmak	yanuhlmak
misunderstanding	yanlış anlama	yanluhsh anlama
mixture	şurup	shooRoop
mocha	yemen kahvesi	yemen kaHvesi
modern art	günümüz sanatı	gewnewmewz sanatuh
molar	azı (dişi)	azuh (dishi)
moment	saniye, an	sahniyeh, an
monastery	dergah	deRgah
Monday	pazartesi	pazaRtesi
money	para	paRa
month	ay	i
moped	mobilet	mobilet
morning, in the	sabahleyin	sabaHleyin
mosque	cami	jami
mosque prayers	namaz	namaz
motel	motel	motel
mother	anne	an-neh
motor cross	motokros	moto-kRos
motorboat	deniz motoru	deniz motoRoo
motorcycle	motosiklet	motosiklet
mountain	dağ	da:
mountain hut	dağ kulübesi	da: koolewbesi
mouse	fare	faReh
mouth	ağız	a:uhz
much/many	çok	chok
multistory parking garage	çok katlı otopark	chok katluh otopaRk
muscle	kas	kas
muscle spasms	kas kasılması	kas kasuhlmasuh
museum	müze	mewzeh
mushrooms	mantar	mantaR
music	müzik	mewzik
musical	müzikal	mewzikal
mussels	midye	mid-yeh
mustard	hardal	haRdal

N

nail (finger)	tırnak	turRnak
nail	çivi	chivi
nail polish	oje	ozheh
nail polish remover	aseton	aseton
nail scissors	tırnak makası	turRak makasuh
naked	çıplak	chuhplak
napkin	peçete	pecheteh
nationality	uyruk	uyRook

natural	doğal	*do:al*
nature	doğa	*do:a*
naturism	doğacılık	*do:ajuhluhk*
nausea	mide bulantısı	*mideh boolantuhsuh*
near	...yakın	*...yakuhn*
nearby	yakın	*yakuhn*
necessary	gerekli	*geRekli*
neck	boyun	*boyoon*
necklace	kolye	*kol-yeh*
nectarine	tüysüz şeftali	*tewysewz sheftali*
needle	iğne	*i:neh*
negative	negatif	*negatif*
neighbors	komşular	*komshoolaR*
nephew	yeğen (erkek)	*ye:en (eRkek)*
never	asla	*asla*
new	yeni	*yeni*
news	haberler	*habeRleR*
news stand	gazete bayisi	*gazeteh bi-isi*
newspaper	gazete	*gazeteh*
next	gelecek	*gelejek*
next to	...yanında	*...yanuhnda*
nice (friendly)	cana yakın	*jana yakuhn*
nice (to the eye)	hoş	*hosh*
nice (tasty)	lezzetli	*lez-zetli*
niece	yeğen (kız)	*ye:en (kuhz)*
night	gece	*gejeh*
night duty	gece nöbeti	*gejeh nurbeti*
nightclub	gece kulübü	*gejeh koolewbew*
nightlife	gece hayatı	*gejeh ha-yatuh*
nipple (baby's bottle)	plastik meme	*plastik memeh*
no one	hiç kimse	*hich kimseh*
no	hayır	*ha-yuhR*
no passing	geçme yasağı	*gechmeh yasa:uh*
noise	gürültü	*gewRewltew*
nonstop	duraklamadan	*dooRaklamadan*
normal	normal	*noRmal*
north	kuzey	*koozey*
nose	burun	*booRoon*
nose drops	burun damlası	*booRoon damlasuh*
nosebleed	burun kanaması	*booRoon kanamasuh*
notepaper	dosya kağıdı	*dosya ka:uhduh*
nothing	hiç bir şey	*hich biR shey*
November	kasım	*kasuhm*
nowhere	hiç bir yerde	*hich biR yeRdeh*
nudist beach	çıplaklar plajı	*chuhplaklaR plazhuh*
number	numara	*noomaRa*
number plate	plaka	*plaka*
nurse	hemşire	*hemshiReh*
nutmeg	küçük hindistan cevizi	*kewchewk hindistan jevizi*
nuts	fındık fıstık	*fuhnduhk fuhstuhk*

O

October	ekim	*ekim*
odometer	kilometre sayacı	*kilometReh sa-yajuh*
offer	ikram etmek	*ikRam etmek*
office	büro	*bewRo*

Word list

15

131

oil	yağ	ya:
oil level	yağ seviyesi	ya: seviyesi
ointment	merhem	meRhem
ointment for burns	yanık merhemi	yanuhk meRhemi
okay	tamam	tamam
old	yaşlı	yashluh
olive oil	zeytin yağı	zeytin ya:uh
olives	zeytin	zeytin
omelette	omlet	omlet
on	...üzerine; üzerinde	...ewzeRindeh, ewzeRindeh
on board	gemide	gemideh
on the way	yolda	yolda
oncoming car	karşı yönden gelen araba	kaRshuh yurnden gelen aRaba
one-way traffic	tek yönlü yol	tek yurnlew yol
onion	soğan	so:an
open	açık	achuhk
open	açmak	achmak
opera	opera	opeRa
operate	ameliyat etmek	ameliyat etmek
operator (telephone)	operatör	opeRaturR
operetta	operet	opeRet
opposite	karşısında	kaRshuhsuhnda
optician	gözlükçü	gurzlewkchew
orange	portakal rengi	poRtakal rengi
orange (colored)	portakal	poRtakal
orange juice	portakal suyu	poRtakal soo-yoo
orchestra (theater)	salon	salon
order (in-, tidy)	yolunda (derli toplu)	yoloonda (deRli toploo)
order	sipariş	sipaRish
order (verb)	ısmarlamak	uhsmaRlamak
other	başka	bashka
other side	karşı taraf	kaRshuh taRaf
outside	...dışında	...duhshuhnda
overpass	bağlantı yolu	ba:lantuh yoloo
oysters	istiridye	istiRid-yeh

P

package	paket	paket
packed lunch	hazır öğle yemeği paketi	hazuhR ur:leh yeme:i paketi
pacifier	yalancı meme	yalanjuh memeh
page	sayfa	sifa
pain	ağrı	a:Ruh
painkillers	ağrı kesici	a:Ruh kesiji
paint	boya	boya
painting (art)	ressamlık	res-samluhk
painting (object)	resim	resim
pajamas	pijama	pizhama
palace	saray	saRí
pan	tencere	tenjeReh
pancake	krep süzet	kRep sewzet
pane	cam	jam
pants	pantalon	pantalon
panty liner	ped	ped
paper	kağıt	ka:uht

paprika	kırmızı biber	kuhrRmuhzuh bibeR
paraffin oil	gaz yağı	gaz ya:uh
parasol	güneşten koruyan	gewneshten koRooyan
	şemsiye	shemsiyeh
pardon	pardon	paRdon
parents	anne ve baba	an-neh veh baba
park	park	paRk
park (verb)	park etmek	paRk etmek
parking space	park yeri	paRk yeRi
parsley	maydanoz	mídanoz
part	yedek parça	yedek paRcha
partner	eş	esh
party	parti	paRti
pass (road)	geçmek	gechmek
passable (of roads)	geçilir	gechiliR
passenger	yolcu	yoljoo
passport	pasaport	pasapoRt
passport photo	vesikalık fotğraf	vesikaluhk foto:Raf
patient	hasta	hasta
pavement	kaldırım	kalduhRuhm
pay	ödemek	urdemek
pay the bill	hesabı ödemek	hesabuh urdemek
peach	şeftali	sheftali
peanuts	fıstık	fuhstuhk
pear	armut	aRmoot
peas	bezelye	bezel-yeh
pedal	pedal	pedal
pedestrian crossing	yaya geçidi	ya-ya gechidi
pedicure	pedikür	pedikewR
pen	kalem	kalem
pencil	kurşun kalem	kooRshoon kalem
penis	penis	penis
pepper	biber	bibeR
performance	gösteri	gursteRi
perfume	parfüm	paRfewm
perm (verb) (hair)	perma yapmak	peRma yapmak
perm (hair)	perma	peRma
permit	ruhsat	rooHsat
person	kişi	kishi
personal	kişisel	kishisel
pets	ev hayvanları	ev hívanlaRuh
pharmacy	eczane	ejzaneh
phone (verb)	telefon etmek	elefon etmek
phone	telefon	telefon
phone booth	telefon kulübesi	telefon koolewbesi
phone directory	telefon rehberi	telefon reHbeRi
phone number	telefon numaras	telefon noomaRasuh
photo	fotoğraf, resim	foto:Raf, resim
photocopier	fotokopi makinesi	fotokopi makinesi
photocopy (verb)	fotokopi çekmek	fotokopi chekmek
photocopy	fotokopi	fotokopi
pick up	almak	almak
picnic	piknik	piknik
piece of clothing	giyecek	giyejek
pier	iskele	iskeleh
pigeon	güvercin	gewveRjin
pill (contraceptive)	doğum kontrol hapı	do:oom kontRol hapuh

pillow	yastık	yastuhk
pillowcase	yastık yüzü	yastuhk yewzew
pin	iğne	i:neh
pineapple	ananas	ananas
pipe	pipo	pipo
pipe tobacco	pipo tütünü	pipo tewtewnew
pity	yazık	yazuhk
place of entertainment	eğlence yeri	e:lenjeh yeRi
place of interest	görülmeye değer	gurRewlmeyeh de:eR
plan	plan	plan
plant	bitki	bitki
plastic	plastik	plastik
plastic bag	naylon torba	nílon toRba
plate	tabela	tabela
platform	peron	peRon
play (theater)	piyes	pi-yes
play	oynamak	oynamak
play basketball	basketbol oynamak	basketbol oynamak
play golf	golf oynamak	golf oynamak
play tennis	tenis oynamak	tenis oynamak
playground	çocuk bahçesi	chojook baHchesi
playing cards	iskambil kağıtları	iskambil ka:uhtlaruh
pleasant	hoş	hosh
please	lütfen	lewtfen
pleasure	zevk	zevk
plum	erik	eRik
pocket knife	çakı	chakuh
point	göstermek	gursteRmek
poison	zehir	ze-hiR
police	polis	polis
police station	karakol	kaRakol
policeman	polis memuru	polis memooRoo
pond	gölet	gurlet
pony	midilli	midil-li
pop concert	pop konseri	pop konseRi
population	nüçus	newfoos
port	porto şarabı	poRto shaRabuh
porter (stevedore)	hamal	hamal
porter (doorman)	kapıcı	kapuhjuh
post (zip) code	posta kodu	post kodoo
post office	postane	postaneh
postage	posta ücreti	posta ewjReti
postcard	kartpostal	kaRtpostal
potato	patates	patates
potato chips	patates çipsi	patates chipsi
poultry	kümes hayvanları	kewmes hívanlaRuh
powdered milk	süt tozu	sewt tozoo
power outlet	priz	pRiz
prawns	karides	kaRides
precious	değerli	de:eRli
prefer	tercih etmek	teRji-h-etmek
preference	tercih	teRjih
pregnant	hamile	hahmileh
present (available)	mevcut	mevjoot
present (gift)	hediye	hediyeh
press	basmak	basmak
pressure	basınç	basuhnch

price	fiyat	fiyat
price list	fiyat listesi	fiyat listesi
print (verb)	basmak	basmak
probably	büyük bir olasılıkla	bewyewk biR olasuhluhkla
problem	sorun	soRoon
profession	meslek	meslek
program	program	pRogRam
pronounce	telaffuz etmek	telaf-fooz etmek
propane camping gas	propan kamp gazı	pRopan kamp gazuh
prune	kuru erik	kooRoo eRik
pudding	tatlı	tatluh
pull	çekmek	chekmek
pulled muscle	kas kopması	kas kopmasuh
pure	saf	saf
purple	mor	moR
purse	para cüzdanı	paRa jewzdanuh
push	itmek	itmek
puzzle	bulmaca	boolmaja

Q

quarter	dörtte biri	durRt-teh biRi
quarter of an hour	on beş dakika	on besh dakika
queen	kraliçe	kRaliceh
question	soru	soRoo
quick	çabuk	chabook
quiet	sakin	sakin

R

radio	radyo	radyo
railways	demiryolu işletmesi	demiR-yoloo ishletmesi
rain (verb)	yağmur yağmak	ya:mooR ya:mak
rain	yağmur	ya:mooR
raincoat	yağmurluk	ya:mooRlook
raisins	kuru üzüm	kooRoo ewzewm
ramp (road)	tali yol	tahli yol
rape	tecavüz	tejavewz
rapids	hızlı akıntı yeri	huhzluh akuhntuh yeRi
raspberries	ahududu	ahoodoodoo
raw	çiğ	chi:
raw vegetables	çiğ sebze	chi: sebzeh
razor blades	jilet	zhilet
read	kitap okumak	kitap okoomak
ready	hazır	hazuhR
really	aslında	asluhnda
receipt	makbuz	makbooz
recipe	yemek tarifi	yemek taRifi
reclining chair	şezlong	shezlong
recommend	tavsiye etmek	tavsiyeh etmek
rectangle	dikdörtgen	dikdurRtgen
red	kırmızı	kuhRmuhzuh
red wine	kırmızı şarap	kuhRmuhzuh shaRap
reduction	indirim	indiRim
refrigerator	buzdolabı	boozdolabuh
regards	selamlar	selamlaR
region	bölge	burlgeh
registered (letter)	iadeli taahhütlü	iahdeli tah-hewtlew

Word list

15

registration	kayıt	*ka-yuht*
relatives	aile, akraba	*íleh, akRaba*
reliable	güvenilir	*gewveniliR*
religion	din	*din*
rent out	kiraya vermek	*kiRa-ya veRmek*
repair (verb)	tamir etmek	*tahmiR etmek*
repairs	tamir	*tahmiR*
repeat	tekrar etmek	*tekRaR etmek*
report	rapor	*rapoR*
resent	içerlemek	*icheRlemek*
reserve	yer ayırtmak	*yeR a-yuhRtmak*
reserved	rezerveli	*rezeRveli*
responsible	sorumlu	*soRoomloo*
rest	dinlenmek	*dinlenmek*
restaurant	restoran	*restoRan*
result	sonuç	*sonooch*
retired	emekli	*emekli*
return (ticket)	gidiş dönüş	*gidish durnewsh*
reverse (vehicle)	geri yürütmek	*geRi yewRewtmek*
rheumatism	romatizma	*romatizma*
rice	pilav	*puhlow*
ridiculous	gülünç	*gewlewnch*
riding (horseback)	ata binmek	*ata binmek*
riding school	binicilik okulu	*binijilik okooloo*
right	sağ	*sa:*
right of way	öncelik	*urnjelik*
right, on the	sağa	*sa:a*
ripe	olgun	*olgoon*
risk	risk	*risk*
river	nehir, ırmak	*ne-hiR, uhRmak*
road	yol	*yol*
road service	TTOK	*teh teh o keh*
roadway	şose	*shoseh*
roasted	kavrulmuş	*kavRoolmoosh*
rock	kaya	*ka-ya*
roll	ufak ekmek	*oofak ekmek*
rolling tobacco	tütün (sarma sigara için)	*tewtewn (saRma sigaRa ichin)*
roof rack	araba üst bagajı	*aRaba ewst bagazhuh*
room	oda	*oda*
room number	oda numarası	*oda noomaRasuh*
room service	oda servisi	*oda seRvisi*
rope	halat	*halat*
rosé	pembe şarap	*pembeh shaRap*
rotary	dönel kavşak	*durnel kavshak*
route	yol	*yol*
rowboat	sandal	*sandal*
rubber	lastik	*lastik*
rubber band	lastik bant	*lastik bant*
rucksack	küçük sırt çantası	*kewchewk suhRt chantasuh*
rude	kaba	*kaba*
ruins	harabe	*haRabeh*
run into	karşılaşmak	*kaRshuhlashmak*

S

sad	üzgün	ewzgewn
safari	safari	safaRi
safe	emin	emin
safe	kasa	kasa
safety pin	çengelli iğne	chengel-li i:neh
sail	yelken açmak	yelken achmak
sailboat	yelkenli	yelkenli
salad	salata	salata
salad oil	zeytinyağı	zeytin-ya:uh
salami	salam	salam
sale	indirimli satışlar	indiRimli satuhshlaR
salt	tuz	tooz
same	aynısı	ínuhsuh
sandy beach	kumsal	koomsal
sanitary pad	ped	ped
sardines	sardalya	saRdalya
satisfied	memnun	memnoon
Saturday	cumartesi	joomaRtesi
sauce	sos	sos
sauna	sauna	saoona
sausage	sosis	sosis
savory	tatlı olmayan	tatluh olma-yan
say	söylemek	suhylemek
say one's farewells	vedalaşmak	vedalashmak
scarf	eşarp, fular	eshaRp, foolaR
scenic walk	manzaralı gezinti	manzaRuhluh gezinti
school	okul	okool
scissors	makas	makas
scooter	skuter	skooteR
scorpion	akrep	akRep
Scotch tape	selobant	selobant
screw	vida	vida
screwdriver	tornavida	toRnavida
sculpture	heykeltıraşlık	heykeltuhRashluhk
sea	deniz	deniz
seasick (to be)	deniz tutmak	deniz tootmak
seat	yer	yeR
secondhand	elden düşme	elden dewshmeh
second	saniye	sahniyeh
second	ikinci	ikinji
sedative	sakinleştirici hap	sakinleshtiRiji hap
see	görmek	gurRmek
self timer	otomatik deklanşör	otomatik deklanchurR
send	yollamak	yol-lamak
sentence	cümle	jewmleh
September	eylül	eylewl
serious	ciddi	jid-di
service	servis	seRvis
set (ladies' hair)	öndüle yapmak	urndewleh yapmak
sewing thread	iplik	iplik
shade	gölge	gurlgeh
shallow	sığ	suh:
shammy	güderi	gewdeRi
shampoo	şampuan	shampooan
shark	köpek balığı	kurpek baluh:uh
shave (verb)	tıraş olmak	tuhRash olmak

Word list

15

shaver	tıraş makinesi	*tuhRash makinesi*
shaving brush	tıraş fırçası	*tuhRash fuhRchasuh*
shaving cream	tıraş kremi	*tuhRas kRemi*
shaving soap	tıraş sabunu	*tuhRash saboonoo*
sheet	çarşaf	*chaRshaf*
sherry	şeri	*sheRi*
shirt	gömlek	*gurmlek*
shoe	ayakkabı	*a-yak-kabuh*
shoe polish	ayakkabı boyası	*a-yak-kabuh boyasuh*
shoe shop	ayakkabı mağazası	*a-yak-kabuh ma:azasuh*
shoemaker	kunduracı	*koondooRajuh*
shop	dükkan	*dewk-kahn*
shop (verb)	alış veriş yapmak	*aluhsh veRish yapmak*
shop assistant	tezgahtar	*tezgahHtaR*
shop window	vitrin	*vitRin*
shopping center	alış veriş merkezi	*aluhsh veRish meRkezi*
short	kısa	*kuhsa*
short circuit	kısa devre	*kuhsa devReh*
shorts	şort	*shoRt*
shoulder	omuz	*omooz*
show	gösteri	*gursteRi*
shower	duş	*doosh*
shutter	obtüratör	*obtewRaturR*
sieve	süzgeç	*sewzgech*
sign	imzalamak	*imzalamak*
signature	imza	*imza*
silence	sessizlik	*ses-sizlik*
silver	gümüş	*gewmews*
silverplated	gümüş kaplama	*gewmewsh kaplama*
simple	basit	*basit*
single (unmarried)	bekar	*bekahR*
single (one way)	tek gidiş	*tek gidish*
single (one person)	tek kişilik	*tek kishilik*
sir	bey	*bey*
sister	kızkardeş	*kuhzkaRdesh*
sit	oturmak	*otooRmak*
size	numara	*noomaRa*
ski	kayak yapmak	*kíyak mak*
ski boots	kayak ayakkabıları	*kíyak ayak-kabuhlRuh*
ski goggles	kayak gözlüğü	*kíyak gurzlew:ew*
ski instructor	kayak hocası	*kíyak hojasuh*
ski lessons/class	kayak dersi	*kíyak deRsi*
ski lift	telesiyej, teleferik	*telesiyezh, telefeRik*
ski pants	kayak pantalonu	*kíyak pantalonoo*
ski pass	kayak pasosu	*kíyak pasosoo*
ski slope	kayak pisti	*kíyak pisti*
ski stick	kayak değneği	*kíyak de:ne:i*
ski suit	kayak kıyafeti	*kíyak kuhyafeti*
ski wax	kayak çilası	*kíyak chilasuh*
skimmed milk	yağı alınmış süt	*ya:uh aluhnmuhsh sewt*
skin	cilt	*jilt*
skirt	etek	*etek*
skis	kayak	*kíak*
sleep	uyumak	*ooyoomak*
sleeping car	kuşetli vagon	*kooshetli vagon*
sleeping pills	uyku hapı	*ooykoo hapuh*

slide	slayt	*slit*
slip	jüpon	*jewpon*
slow	yavaş	*yavash*
slow train	yolcu/posta treni	*yoljoo/posta tReni*
small	küçük	*kewchewk*
small change	bozuk para	*bozook paRa*
smell	kokmak	*kokmak*
smoke	duman	*dooman*
smoke	sigara içmek	*sigaRa ichmek*
smoked	füme	*fewmeh*
smoking compartment	sigara içilebilen vagon	*sigaRa ichilebilen vagon*
snake	yılan	*yuhlan*
sneakers	spor ayakkabısı	*spoR a-yak-kabuhsuh*
snorkel	snorkel	*snoRkel*
snow (verb)	kar yağmak	*kaR ya:mak*
snow	kar	*kaR*
snow chains	araba zinciri	*aRaba zinjiRi*
soap	sabun	*saboon*
soap box	sabun kutusu	*saboon kootoosoo*
soap powder	çamaşır tozu	*chamashuhR tozoo*
soccer	futbol	*footbol*
soccer match	futbol maçı	*footbol machuh*
socket	priz	*pRiz*
socks	çorap	*choRap*
soft drink	meşrubat	*meshRoobat*
sole	taban	*taban*
sole (fish)	dil balığı	*dil baluh:uh*
someone	biri	*biRi*
sometimes	bazen	*bazen*
somewhere	bir yerde	*biR yeRdeh*
son	oğul	*o:ool*
soon	biraz sonra	*biRaz sonRa*
sorbet	şerbet	*sheRbet*
sore	yara	*yaRa*
sore throat	boğaz ağrısı	*bo:az a:Ruhsuh*
sorry	özür dilerim	*urzewR diliRim*
sort	çeşit	*cheshit*
soup	çorba	*choRba*
sour	ekşi	*ekshi*
source	kaynak	*kínak*
south	güney	*gewney*
souvenir	hediyelik eşya	*hediyelik eshya*
spaghetti	spagetti	*spaget-ti*
spare	yedek	*yedek*
spare parts	yedek parça	*yedek paRcha*
spare tire	yedek lastik	*yedek lastik*
spare wheel	yedek tekerlek	*yedek tekeRlek*
speak	konuşmak	*konooshmak*
special	özel	*urzel*
specialist	uzman	*oozman*
speciality	spesiyalite	*spesiyaliteh*
speed limit	azami hız	*azami huhz*
spell	hecelemek	*hejelemek*
spicy	baharatlı	*ba-haRatluh*
splinter	kıymık	*kuhymuhk*
spoiled (food)	bozuk	*bozook*
spoon	kaşık	*kashuhk*

Word list

15

spoonful	kaşık dolusu	kashuhk doloosoo
sport	spor	spoR
sports center	spor merkezi	spoR meRkezi
spot	yer	yeR
sprain	burkmak	booRkmak
spring	ilkbahar	ilkba-haR
square	meydan	meydan
square (geometric)	kare	kaReh
square meters	metre kare	metReh kaReh
squash, to play	skuoş oynamak	skoo-osh oynamak
stadium	stadyum	stad-yoom
stain	leke	lekeh
stain remover	leke giderici	lekeh gideRiji
stairs	merdiven	meRdiven
stamp	posta pulu	posta pooloo
start	çalıştırmak	chaluhshtuhRmak
station	istasyon	istasyon
statue	heykel	heykel
stay (verb)	kalmak	kalmak
stay	zaman	zaman
steal	çalmak	chalmak
steel	çelik	chelik
stench	pis koku	pis kokoo
sting (insect only)	ısırmak	uhsuhRmak
stitch (med.)	dikiş	dikish
stitch (verb)	dikmek	dikmek
stock	et suyu	et soo-yoo
stockings	çorap	choRap
stomach	mide	mideh
stomach cramps	karın spazmı	kaRuhn spazmi
stomachache	mide ağrısı	mideh a:Ruhsuh
stools	dışkı	dushkuh
stop (verb)	durmak	dooRmak
stop	durak	dooRak
stopover	aktarma	aktaRma
storm	fırtına	fuhRtuhna
straight	doğru	do:Roo
straight ahead	doğru	do:Roo
straw	kamış	kamuhsh
strawberries	çilek	chilek
street	sokak	sokak
street (side)	sokağa bakan	soka:a bakan
strike	grev	gRev
stroller	çocuk arabası	chojook aRabasuh
strong (tea)	demli	demli
study	okumak	okoomak
stuffing	içi	ichi
subscriber's number	abone telefon numarası	aboneh telefon noomaRasuh
subtitled	alt yazılı	alt yazuhluh
subway	metro	metRo
subway station	metro istasyonu	metRo istasyonoo
succeed	başarmak	bashaRmak
sugar	şeker	shekeR
sugar lumps	kesmeşeker	kesmeshekeR
suit	takım elbise	takuhm elbiseh
suitcase	bavul, valiz	bavool, valiz

summer	yaz	yaz
summertime	yaz mevsimi	yaz mevsimi
sun	güneş	gewnesh
sun hat	güneş şapkası	gewnesh shapkasuh
sunbathe	güneşlenmek	gewneshlenmek
Sunday	pazar	pazaR
sunglasses	güneş gözlüğü	gewnesh gurzlew:ew
sunrise	gün doğması	gewn do:masuh
sunset	gün batımı	gewn batımı
sunstroke	güneş çarpması	gewnesh chaRpmasuh
suntan lotion	güneş kremi	gewnesh kRemi
suntan oil	güneş yağı	gewnesh ya:uh
supermarket	süpermarket	sewpeRmaRket
surcharge	ek	ek
surf	sörf yapmak	surRf yapmak
surf board	sörf kayağı	surf ka-ya:uh
surgery	muayene odası	moo-a-yeneh odasuh
surname	soyadı	soyaduh
surprise	sürpriz	sewRpriz
swallow	yutmak	yootmak
swamp	bataklık	batakluhk
sweat	ter	teR
sweater	kazak	kazak
sweet (charming)	şekerli	shekeRli
sweet (pudding)	şirin	shiRin
sweet	tatlı	tatluh
sweet corn	mısır	muhsuhR
sweeteners	tatlılaştırıcı	tatlulashtuhRuhjuh
swim	yüzmek	yewzmek
swimming pool	yüzme havuzu	yewzmeh havoozoo
swimming trunks	mayo	ma-yo
swindle	dolandırıcılık	dolanduhRuhjuhluhk
switch	şalter	shalteR
synagogue	sinagog	sinagog
syrup	şeker pekmezi/şurup	shekeR pekmezi/shooRoop

T

table	masa	masa
table tennis (to play)	masa tenisi oynamak	masa tenisi oynamak
tablet	ilaç tableti	ilach tableti
take	almak	almak
take pictures	fotoğraf çekmek	foto:Raf chekmek
taken	dolu	doloo
talcum powder	talk pudrası	talk poodRasuh
talk	konuşmak	konooshmak
talk to (intimately)	flört etmek	flurRt etmek
tall	uzun boylu	oozoon boyloo
tampons	tamponlar	tamponlaR
tanned	bronzlaşmış	bRonzlashmuhsh
tap	musluk	mooslook
tap water	musluk suyu	mooslook soo-yoo
taste	güzel zevk	gewzel zevk
tax free shop	gümrüksüz mağaza	gewmRewksewz ma:aza
taxi	taksi	taksi
taxi stand	taksi durağı	taksi dooRa:uh

Word list

15

tea	çay	chí
teapot	çaydanlık	chídanluhk
teaspoon	çay kaşığı	chí kashuh:uh
telegram	telgraf	telegRaf
telephoto lens	teleobjektif	tele-obzhektif
television	televizyon	televizyon
telex	teleks	teleks
temperature	sıcaklık	suhjakluhk
temporary filling	geçici dolgu	gechiji dolgoo
tender	yumuşak	yoomooshak
tennis ball	tenis topu	tenis topoo
tennis court	tenis kortu	tenis koRtoo
tennis racket	tenis raketi	tenis raketi
tenpin bowling	bovling	bohling
tent	çadır	chaduhR
tent peg	çadır kazığı	chaduhR kazuh:uh
terrace	teras	teRas
terribly	müthiş	mewt-hish
thank	teşekkür etmek	teshek-kewR etmek
thank you	teşekkür ederim	teshek-kewR edeRim
thanks	teşekkürler	teshek-kewRleR
thaw	erimek	eRimek
theater	tiyatro	tiyatRo
theft	hırsızlık	huhRsuhzluhk
there	orada	oRada
thermal bath	kaplıca	kapluhja
thermometer	termometre	teRmometReh
thick	kalın	kaluhn
thief	hırsız	huhRsuhz
thigh	üst bacak	ewst bajak
thin	ince	injeh
things	eşya	eshya
think	düşünmek	dewshewnmek
third	üçte biri	ewchteh biRi
thirsty, to be	susamış olmak	soosamuhsh olmak
this afternoon	bugün öğleden sonra	boogewn urleden sonRa
this evening	bu akşam	boo aksham
this morning	bu sabah	boo sabaH
thread	iplik	iplik
throat	boğaz	bo:az
throat lozenges	pastil	pastil
throw up	kusmak	koosmak
thunderstorm	fırtına	fuhRtuhna
Thursday	perşembe	peRshembeh
ticket (admission)	bilet	bilet
ticket (travel)	bilet	bilet
tickets	biletler	biletleR
tidy (verb)	toplamak	toplamak
tie	kravat	kRavat
tights	külotlu çorap	kewlotloo choRap
time	zaman	zaman
times	kere, defa	keReh, defa
timetable	tarife	taRifeh
tip	bahşiş	baH-shish
tire	dış lastik	duhsh lastik
tire lever	salapurya	salapooR-ya
tire pressure	hava basıncı	hava basuhnjuh

tissues	kağıt mendil	ka:uht mendil
toast	kızarmış ekmek	kuhzaRmuhsh ekmek
tobacco	tütün	tewtewn
toboggan	kızak	kuhzak
today	bugün	boogewn
toe	ayak parmağı	a-yak paRma:uh
together	beraber	beRabeR
toilet	tuvalet	too-alet
toilet paper	tuvalet kağıdı	too-alet ka:uhduh
toilet seat	tuvalet oturağı	too-alet otooRa:uh
toiletries	kozmetik malzemeleri	kozmetik malzemeleRi
tomato	domates	domates
tomato purée	domates salçası	domates salchasuh
tomato sauce	domates sosu	domates sosoo
tomorrow	yarın	yaRuhn
tongue	dil	dil
tonic water	tonik	tonik
tonight	bu gece	boo gejeh
too much	fazla	fazla
tools	araç gereç	aRach geRech
tooth	diş	dish
toothache	diş ağrısı	dish a:Ruhsuh
toothbrush	diş fırçası	dish fuhRchasuh
toothpaste	diş macunu	dish majoonoo
toothpick	kürdan	kewRdan
top up	doldurmak	doldooRmak
total	toplam	toplam
tough	sert	seRt
tour	tur	tur
tour guide	tur rehberi	tooR reHbeRi
tourist card	turist kartı	tooRist kaRtuh
tourist class	turistik sınıf	tooRistik suhnuhf
Tourist Information office	danışma bürosu	danuhshma bewRosoo
tourist menu	turistik menü	tooRistik menew
tow	çekmek	chekmek
tow cable	çekme halatı	chekmeh halatuh
towel	havlu	havloo
tower	kule	kooleh
town	kasaba	kasaba
town hall	belediye sarayı	belediyeh saRi-uh
toys	oyuncak	oyoonjak
traffic	trafik	tRafik
traffic light	trafik ışıkları	tRafik uhshuhklaRuh
trailer	karavan	kaRavan
trailer tent	açılır kapanır karavan	achuhluhR kapanuhR kaRavan
train	tren	tRen
train ticket	tren bileti	tRen bileti
train timetable	tren tarifesi	tRen taRifesi
translate	tercüme etmek	teRjewmeh etmek
travel	seyahat etmek	seya-hat etmek
travel agent	seyahat acentası	seya-hat ajentasuh
travel guide	seyahat rehberi	seya-hat reHbeRi
traveler	yolcu	yoljoo
traveler's check	seyahat çeki	seya-hat cheki
treatment	tedavi	tedahvi
triangle	üçgen	ewchgen

trim	ucundan almak	oojoondan almak
trip	gezi	gezi
trouble	şikayet	shika-yet
trout	alabalık	alabaluhk
truck	kamyon	kam-yon
trustworthy	güvenilir	gewveniliR
try on	denemek	denemek
tube	tüp	tewp
Tuesday	salı	saluh
tumble drier	çamaşır kurutma	chamashuhR
	makinesi	kooRootma
		makinesi
tuna	ton balığı	ton baluh:uh
tunnel	tünel	tewnel
Turkish	Türkçe	tewRkcheh
turn	sıra	suhRa
TV	televizyon	televizyon
TV guide	televizyon rehberi	televizyon reHbeRi
tweezers	cımbız	juhmbuhz

U

ugly	çirkin	chiRkin
umbrella	şemsiye	shemsiyeh
under	...altında	...altuhnda
underground railway system	metro ağı	metRo a:uh
underpants	külot	kewlot
understand	anlamak	anlamak
underwear	iç çamaşırı	ich chamashuhRuh
undress	soyunmak	soyoonmak
unemployed	işsiz	ishsiz
uneven	pürüzlü	pewRewzlew
university	üniversite	ewniveRsiteh
unleaded	kurşunsuz benzin	kooRshoonsooz benzin
up	yukarı	yookaRuh
urgent	acil	ah-jil
urgently	acilen	ahjilen
urine	idrar	idRaR
usually	çoğunlukla	cho:oonlookla

V

vacate	boşaltmak	boshaltmak
vaccinate	aşılamak	ashuhlamak
vagina	vajina	vazhina
vaginal infection	vajinal enfeksiyon	vazhinal enfeksiyon
valid	geçerli	gecheRli
valley	vadi	vadi
valuable	değerli	de:eRli
van	kamyonet	kam-yonet
vanilla	vanilya	vanilya
vase	vazo	vazo
vaseline	vazelin	vazelin
veal	dana eti	dana eti
vegetable soup	sebze çorbası	sebzeh choRbasuh
vegetables	sebze	sebzeh
vegetarian	vejetaryen	vezhetaR-yen
vein	damar	damaR

(vending) machine	otomatik satış makinesi	*otomatik satuhsh makinesi*
venereal disease	cinsel hastalık	*jinsel hastaluhk*
via	...yoluyla	*...yolooyla*
video camera	film makinesi	*film makinesi*
video recorder	video	*video*
video tape	video kaseti	*video kaseti*
view	manzara	*manzaRa*
village	köy	*kuhy*
visa	vize	*vizeh*
visit	ziyaret etmek	*ziyaRet etmek*
vitamin tablets	vitamin hapları	*vitamin haplaRuh*
vitamins	vitamin	*vitamin*
volcano	yanardağ	*yanaRda:*
volleyball	voleybol	*voleybol*
vomit	istifrağ etmek	*istifRa: etmek*

W

wait	beklemek	*beklemek*
waiter	garson	*gaRson*
waiting room	bekleme odası	*beklemeh odasuh*
waitress	bayan garson	*ba-yan gaRson*
wake up	uyandırmak	*ooyanduhRmak*
walk	yürüşmek	*yewRewshmek*
walk	yürümek	*yewRewmek*
wallet	cüzdan	*jewzdan*
wardrobe	elbise dolabı	*elbiseh dolabuh*
warm	ılık	*uhluhk*
warn	uyarmak	*ooyaRmak*
warning	uyarı	*ooyaRuh*
wash	yıkamak	*yuhkamak*
washing	çamaşır	*chamashuhR*
washing machine	çamaşır makinesi	*chamashuhR makinesi*
wasp	eşek arısı	*eshek aRuhsuh*
watch	kol saati	*kol sahti*
water	su	*soo*
waterproof	su geçirmez	*soo gechiRmez*
waterski	su kayağı yapmak	*soo ka-ya:uh yapmak*
wave pool	suni dalgalı havuz	*sooni dalgaluh havooz*
way	yol	*yol*
we	biz	*biz*
weak (tea)	açık	*achuhk*
weather	hava	*hava*
weather forecast	hava raporu	*hava rapoRoo*
wedding	düğün	*dew:ewn*
Wednesday	çarşamba	*chaRshamba*
week	hafta	*hafta*
weekend	hafta sonu	*hafta sonoo*
weekend duty	hafta sonu nöbeti	*hafta sonoo nurbeti*
weekly ticket	haftalık abone bileti	*haftaluhk aboneh bileti*
welcome	hoş geldiniz	*hosh geldiniz*
well	iyi	*iyi*
west	batı	*batuh*
wet	ıslak	*ihslak*
wet (weather)	yağmurlu	*ya:mooRloo*
wetsuit	sörf kıyafeti	*surRf kuhyafeti*
what?	ne?	*neh?*

Word list

wheel	tekerlek	*tekeRlek*
wheelchair	tekerlekli sandalye	*tekeRlekli sandal-yeh*
when?	ne zaman?	*neh zaman?*
where?	nerede?	*neRedeh?*
which?	hangi?	*hangi?*
whipped cream	krem şanti	*kRem shanti*
white	beyaz	*beyaz*
white-haired	ak saçlı	*ak sachluh*
who?	kim?	*kim?*
whole wheat	kepekli	*kepekli*
whole wheat bread	kepekli ekmek	*kepekli ekmek*
why?	niçin?	*nichin?*
wide angle lens	geniş açılı mercek	*genish achuhluh meRjek*
widow	dul	*dool*
widower	dul	*dool*
wife	eş	*esh*
wind	rüzgar	*rewzgaR*
windbreak	rüzgarlık	*rewzgaRluhk*
windmill	değirmen	*de:iRmen*
window	pencere	*penjeReh*
window (pay desk)	gişe, vezne	*gisheh, vezneh*
windshield wiper	cam sileceği	*jam sileje:i*
wine	şarap	*shaRap*
wine glass	şarap bardağı	*shaRap baRda:uh*
wine list	şarap listesi	*shaRap listesi*
winter	kış	*kuhsh*
witness	görgü tanığı	*gurRgew tanuh:uh*
woman	kadın	*kaduhn*
wonderful	şahane	*sha-haneh*
wood	tahta	*taHta*
wool	yün	*yewn*
word	sözcük, kelime	*surzjewk, kelimeh*
work	iş	*ish*
working day	iş günü	*ish gewnew*
worn	aşınmış	*ashuhnmuhsh*
worried	endişeli	*endisheli*
wound	yara	*yaRa*
wrap	paketlemek	*paketlemek*
wrench (open ended)	İngiliz anahtarı	*ingiliz anaHtaRuh*
wrench	cıvata anahtarı	*juhvata anaHtaRuh*
wrist	bilek	*bilek*
write	yazmak	*yazmak*
write down	not etmek	*not etmek*
writing pad	bloknot	*bloknot*
writing paper	dosya kağıdı	*dosya ka:uhduh*
written	yazılı	*yazuhluh*
wrong	yanlış	*yanluhsh*

Y

yacht	yat	*yat*
year	sene, yıl	*seneh, yuhl*
yellow	sarı	*saRuh*
yes	evet	*evet*
yes, please	lütfen	*lewtfen*
yesterday	dün	*dewn*
yogurt	yoğurt	*yo:ooRt*

you	siz	*siz*
you too	size de	*sizeh deh*
youth hostel	gençlik yurdu	*genchlik yooRdoo*

Z

zipper	fermuar	*feRmooaR*
zoo	hayvanat bahçesi	*hívanat baHchesi*
zucchini	kabak	*kabak*

Word list

15